Dorothea Schmidt
Pippi-Langstrumpf-Kirche

DOROTHEA SCHMIDT

Pippi Langstrumpf Kirche

MEINE ERFAHRUNGEN
AUF DEM SYNODALEN WEG

∝fe

2. Auflage 2021
Fe-Medienverlags GmbH
Hauptstraße 22, D-88353 Kißlegg
www.fe-medien.de

ISBN 978-3-86357-325-6

Cover-Foto: Mario Schlüter
Umschlaggestaltung und Satz:
Manuel Kimmerle

Druck: orth-druk, Bialystok (Polen)
Printed in EU

INHALTSVERZEICHNIS

VORWORT

Die gut 1500 Jahre alte deutsche Kirchengeschichte ist reich an Höhe- und Wendepunkten. In dem Moment, an dem ihr Endpunkt am Horizont erscheint, betritt Dorothea Schmidt, eine junge, gläubige Katholikin, die Szene. In einer ambitionierten Großaktion, dem Synodalen Weg, versuchen Bischöfe, einige berufene Laien, vor allem aber eine Organisation mit Namen „Zentralkomitee der deutschen Katholiken", das Blatt noch einmal zu wenden. Dorothea Schmidt wird als „Synodalin" geladen – sie sei, sagt sie, „da reingestolpert wie ein tumber Tor" – und findet sich wieder in einer befremdlich anmutenden Welt. Alles, was ihr die Kirche bisher kostbar machte: Glaube, Gebet, Sakramente, Geistliches Leben, Lehramt, Liturgie, Nachfolge Christi ... spielt auf diesem „Gipfeltreffen" der eisernen Mienen keine Rolle. Stattdessen glaubt sie auf einen linksgrünen Parteitag geraten zu sein, auf dem die Messer gewetzt und ideologische Grabenkämpfe ausgetragen werden.

Dorothea Schmidt hatte eine gemeinsame Wegsuche, ein geistliches Ringen erwartet – und nun verschlägt es sie in eine bizarre Szenerie, in der es um die Macht und das Sagen geht, in der es Gesinnungsfreunde und Todfeinde gibt und in der Sprachregelung und strategische Winkelzüge den Diskurs bestimmen. Die handelnden Personen vom „Zentralkomitee" kommen meist aus der politischen Szene oder sie sind „Könige ohne Land", will sagen: Funktionäre einst mächtiger katholischer Verbände und Vereinigungen, die sich heute noch wegen der Mitgliederbestände von gestern wichtig fühlen. Von außen mag das so aussehen, als würde dieses undurchschaubar legitimierte katholische Establishment „die katholischen Laien" vertreten, worüber sich die katholischen Laien wundern. Wer hat die überhaupt gewählt?

Dorothea Schmidt erschrickt über den geschäftigen Hexenkessel. Fremdschämen überfällt sie. Sie denkt an die Menschen außerhalb der Kirche; hoffentlich nehmen die Leute draußen diese Selbstzerfleischung der letzten Christen nicht wahr! Aber die Scheinwerfer der Medien sind aufgeblendet. Ein Wort von Tertullian, dem frühchristlichen Schriftsteller, kommt ihr in den Sinn: „Seht, wie sie einander lieben!" – sollen die antiken Heiden gesagt haben, als sie, magnetisch angezogen vom Geist und der Kraft des frühen Christentums, die Taufe erbaten. Unbekümmert notiert die couragierte Synodalin, was sie sieht und hört und fühlt. Sie schreibt ein Tagebuch des Synodalen Weges. Und sie hat den Mut, aus diesem Tagebuch ein richtiges Buch zu machen. Ihr gelingt das, was in der internationalen Sprache der Verleger ein „showdown", ein „eyeopener" und ein „pageturner" ist. Wer dieses furchtlose, aufrichtige Buch liest, den beschleicht der Verdacht, er werde zum Zeugen des letzten Aktes einer großen Geschichte. Auf jeden Fall werden ihm die Augen geöffnet. Wer mit dem Herzen bei der Kirche ist, wird dieses Buch bis zur letzten Seite nicht mehr aus der Hand legen.

Dorothea Schmidt hat ihrem Buch den Titel „Die Pippi-Langstrumpf-Kirche" gegeben. „Widdewiddewitt ... ich mach mir die Welt, wie sie mir gefällt." Das trifft es gut. Die Deutschen haben die Reformation und den Weltgeist erfunden. Scheinbar überfällt sie in periodischen Schüben die Versuchung, dem zurückgebliebenen Rest der Menschheit das wahre Wesen der Dinge zu zeigen. Gründlich, wie sie nun einmal sind, übersteigen die deutschen Strategen des Synodalen Weges alle hinderlichen Einsprüche von Schrift und Tradition, um – frei und ungebunden, wie sie sich nun einmal fühlen – eine modernitätskompatible, zeitgeistaffine Kirche zu errichten, die Pippi und ihren Freunden gefallen müsste: „Ich hab ein Haus, ein kunterbuntes Haus, ein Äffchen und ein Pferd, die schauen dort zum Fenster raus."

Sie übersehen, dass es die Kirche als kunterbuntes Haus bereits gibt. Die Evangelischen Landeskirchen haben alles, wonach es den synodalen Träumern zu tun ist: G*tt und die Toleranz der Allerhöchsten, eine demokratische Struktur, Support für den Feminismus, das LGBTQ-Unbedenklichkeitszertifikat, Laien am Drücker, Pastorinnen auf der Kanzel, klimaneutrale Bischöfinnen, Ehe für alle im Pfarrhaus, keine Sexualmoral, keine besondere Orientierung an der Heiligen Schrift, dafür eine linksliberale Gesinnung, die in allen Farben des Regenbogens schimmert. Das Einzige, was dort fehlt, sind normale Christen, die da hingehen. Ganz im Gegenteil: Sie treten in hellen Scharen aus dieser Kirche der Funktionär*innen aus. Man fragt sich, warum diese schönen Inhalte nun mit aller Gewalt katholisch getauft werden sollen. Oder warum diejenigen, die sich das auf ihre Fahnen geschrieben haben, nicht einfach evangelisch werden. Die Antwort ist einfach: Weil es dort keine Jobs gibt.

Der Synodale Weg entpuppt sich als das, was er in Wahrheit ist: ein Manöver, mit dem die Kirche das Potemkin'sche Dorf erhalten möchte, zu dem sie in den letzten fünfzig Jahren heruntergekommen ist. Fürst Potemkin, erzählt man, habe Katharina der Großen, die sich auf der Flussreise nach Neurussland befand, seine blühenden Dörfer vorgeführt. Dabei ließ er nur das reale Elend durch schön gemalte Attrappen verkleiden; Dorfbewohner konnten die Kulissen rasch abreißen und zum nächsten Ort transportieren, wo sie dem flüchtigen Hinsehen neues Entzücken bereiten sollten. Die katholische Kirche in Deutschland hat sehr viel Geld und genießt die permanenten Zuflüsse durch die Kirchensteuer. 700.000 Menschen sind Angestellte eines der größten Arbeitgeber in der Republik. Viele von diesen Angestellten sind nur teilweise oder gar nicht identifiziert mit ihrem Arbeitgeber. Ein Heer von Funktionären arbeitet für (und gar nicht so selten gegen) die Kirche. In Falten ihrer üppigen Gewänder konnten sich Seilschaften und Ideologien einnisten, unverträgliche Agenden breitmachen, Sonder- und Irrlehren gedeihen. Unter dem Etikett „katholisch" versammelte sich, was sonst auf keinen Nenner mehr zu bringen ist. Wahrscheinlich wird der Ernstfall der Zugehörigkeit erst dann eintreten, wenn eines nicht zu fernen Tages das staatliche Wohlwollen aufgebraucht und das Geld weg ist. Die dann noch bei Jesus und seiner Kirche sind, sind die, die auch da wären, würde sie niemand dafür bezahlen.

Dorothea Schmidt beschreibt farbig und genau die Kulissen, die Akteure und die Logik des Synodalen Weges. Ins Werk gesetzt, um den Skandal des Missbrauchs zu beheben und tiefgreifende Reformen zu initiieren, leistete er bis auf den Tag genau das nicht. Stattdessen lieferte er den Anlass für laikale Manöver, Arrondierungen von Einfluss, Pauschalverdächtigungen Andersdenkender und innerklerikale Machtkämpfe (wobei es auch einen Klerikalismus der Laien gibt): eine progressive Attrappe, die sich bei genauerem Hinsehen als eine zutiefst strukturkonservative Veranstaltung erweist. Indem man sich populistisch lieb Kind macht mit dem Zeitgeist, möchte man erhalten, wovon man lebt: die ins bürgerlich Nette eingelassene Struktur. Die Kritiker dieser selbstreferentiellen Veranstaltung werden gesinnungsethisch aus dem Feld geschlagen, indem man sie als „konservativ", „erzkonservativ", „romhörig", „dunkelkatholisch", „unterbelichtet" oder „unterkomplex" diskreditiert. Die synodalen Reformer sind nicht Avantgarde; es sind die letzten Vertreter jener bleischweren Kirche, die 50 Jahre lang Beton anrührte, aber keine Herzen.

Für John Henry Newman gab es keine schlimmere Vorstellung von der Kirche, als ihre Spaltung in Parteien und Lager. Es gehört zur ehrlichen Bestandsaufnahme, zu sagen, dass wir genau an diesem (doch schnellstmöglich zu überwindenden) Punkt angekommen sind. Es gibt ein reaktionäres Lager, das die Kirchenskandale als leicht behebbaren Betriebsunfall wertet, um nach seiner Schadensbehebung wieder in die alten Routinen zu verfallen. Das zweite Lager besteht aus denjenigen, denen die Skandale nur als Symptome eines Modernitätsdefizits erscheinen, das durch „Halleluja, wir sind auch dabei" zu beheben ist.

Es gibt aber ein drittes Lager, zu dem glücklicherweise Dorothea Schmidt gehört. Sie weiß, dass die globale Kirchenkrise nie wieder ein Zurück in die guten alten Zeiten erlaubt – aber auch kein Avanti ins Utopische. Vor uns liegt das Abenteuer, das Papst Franziskus in „Evangelii Gaudium" umreißt. Es wird die Kirche – damit sie ihre Identität behält – fundamental verwandeln und tiefgreifendere, ins Persönliche gehende Reformen verlangen, als sich mancher wackere Synodale vorstellt. Dass Papst Franziskus nun den irrlichternden Synodalprozess in Deutschland zurückbindet und ihn modifiziert durch eine Weltsynode, ist ein Zeichen, das Hoffnung macht.

Bernhard Meuser

PROLOG

Pippi Langstrumpf ist total sympathisch, ihr Lebensstil verlockend. Ich habe sie als Kind geliebt und liebe sie noch immer: So ein Kind, das nicht nur von einer Welt träumt, wie sie ihr gefällt, sondern den Traum wirklich lebt; einfach mal ausbüxen, frech sein, Schule mal links liegen lassen und spielen, die Welt erkunden und immer Geld für Süßigkeiten haben. Da macht jedes Kinderherz Luftsprünge. So schön kann die Welt sein. Eine Zeit lang zumindest.

Pippi hätte ihren Lebensstil nicht bis ins Erwachsenenalter durchziehen können, ohne sich selbst zum Gesetz zu machen. Eine Kinderwelt ohne schulische Ausbildung, dafür mit Torten zum Frühstück, die man vom Fußboden löffelt, das Pferd im Haus, einen herumspringenden Affen und immer genügend Geld von Mama oder Papa oder wem auch immer – das ist toll, funktioniert aber nur auf Grundlage der Villa Kunterbunt-Ethik. Nach der reden und handeln wir auf dem Synodalen Weg. Die Kirche ist eine von Gott ins Leben gerufene Institution, die Er uns anvertraut hat. Er hat sie sozusagen in unsere Obhut gegeben, bleibt aber der Stifter und Chef. Wir sollen Seine Kirche hüten und müssen uns an Seine Gesetze halten; wir dürfen sie uns nicht à la Pippi einfach machen widdewidde, wie sie uns gefällt.

Naja, wir können schon. Das kann erstmal vielleicht auch ganz cool sein und richtig Spaß machen, so ein Lebensstil; so befreiend und toll und prickelnd, wenn man aus Gesetzen und Normen ausbricht. Aber wenn ich so weiterdenke: Auf Dauer fallen wir doch auf die Schnauze. Das kann nicht das Non-plus-Ultra sein und schon gar kein Dauervergnügen. Auf Dauer glücklich machen kann nur Gott. Wäre dieser Lebensstil à la Pippi das Savoir-vivre schlechthin, hätte uns Jesus das sicher vorgelebt, vielleicht sogar als Super-Hippie mit Blümchen, Zigarre und Hosen mit Schlag und einem flotten Spruch: Macht mit meiner Kirche, was und wie es euch gefällt.

Hat er aber nicht. Er hat uns eben doch Vorgaben gemacht. Und ich frage mich manchmal, wie nett er das von uns findet, wenn wir aus Seiner Kirche, bei der Er sich ganz sicher etwas gedacht hat als Allmächtiger, etwas ganz anderes machen. Und alle Seine Vorgaben hinten den Tisch herunterfallen lassen.

Mir fällt dazu ein, wie das aus der Sklaverei in Ägypten befreite Volk Gottes durch die Wüste zog, murrend und meckernd über die miesen Umstände und blind für alles, was Gott ihnen Gutes tat unterwegs. Es konnte aber das Gelobte Land erst finden, als es sich Gott zuwandte. Und dann denke ich: Vielleicht doch nicht so widdewidde, wie es uns gefällt, sondern mal doch den lieben Gott fragen? Vielleicht werden wir Katholiken in Deutschland auch erst zum Ziel kommen, wenn wir Gott mehr einbeziehen, ihm vollkommen das Ruder überlassen und ihm vertrauen.

Pippi Langstrumpf dürfen wir natürlich trotzdem weiterhin sehr lieb haben!

Dorothea Schmidt

KAPITEL 1

BEI „KANZLER STERNBERG" UND „PRÄSIDENT MARX"

Ich bin hier reingestolpert wie ein tumber Tor. Dass ich die katholische Kirche kennen würde, dachte ich. Aber die katholische Welt, in die ich hier hineingeraten bin, unterscheidet sich so sehr von alldem, was ich bisher an Kirche erlebt habe, dass ich mich frage, ob das überhaupt katholisch ist, was hier auf dem Synodalen Weg passiert. Oder ob es doch schon protestantisch ist. Oder vielleicht sogar irgendetwas dazwischen. Was geht hier eigentlich ab?

Allein oder in Grüppchen stehen Menschen beieinander. Die Männer fallen durch ihre schwarzen Anzüge auf. Es liegt eine Spannung in der Luft vor dem Frankfurter Dom, wo die Eröffnungsmesse stattfinden soll. Alle Synodalen sollen gemeinsam in die Kirche einziehen. Verstohlene Blicke kreuzen sich. Manche sagen, sie seien nervös. Umgeben von Plätzen und Stadthäusern, kleinen Läden, Cafés und Restaurants in den verwinkelten Gassen, die uns historisch in die Vergangenheit eintauchen lassen, stehen wir vor dem Beginn eines Weges, auf dem die Weichen in die Zukunft der katholischen Kirche gestellt werden sollen. Noch ahnt niemand, wie verschieden die Meinungen der Synodalen sein würden, dass sie sich in zwei Lager spalten werden. Eine erste Ahnung davon bekommen wir in der Eröffnungsmesse, als einige der Anwesenden Zeugnis von ihrem Leben mit der Kirche geben sollen.

Interessant, denke ich und höre gespannt zu, was die Menschen erzählen, frage mich aber mit jeder weiteren Person, die sich ans Mikro stellt, warum alle so frustriert und traurig von Kirche berichten. Besonders eine Ordensfrau, die Benediktinerin Philippa Rath, fällt mir auf. Was muss ihr das Leben angetan haben, dass nicht einmal der Hauch eines Lächelns über ihr Gesicht weht? Sie schaut traurig, fast verärgert, in die Runde, als sie erzählt, was sie alles frustriert hat in der katholischen Kirche. Das tut mir leid. Die Schwester sieht ihre Berufung als Ordensfrau auf eine harte Probe gestellt. Sie liebe die Kirche, leide aber auch an ihr und schäme sich nicht selten für sie. Auch ich schäme mich wegen der unfassbaren Missbräuche durch Priester oder in kirchlichen Einrichtungen. Doch der Frust, den ich hier höre, betrifft viele andere Themen. Die Enttäuschung der Redner schwappt über auf die Gottesdienstbesucher, sodass man selber traurig hätte werden können. Aber ich weiß, dass Kirche nicht nur problematisch, zerstritten und an einem Scheideweg ist. Kirche besteht aus menschlichen Bausteinen. Menschen machen Fehler, können richtig mies sein. Aber die Basis bleibt immer stabil, perfekt, liebevoll, barmherzig; und das ist Jesus selber. Ich muss an einen Satz denken, den der emeritierte Papst Benedikt in einem Interview mit Peter Seewald gesagt hatte: Er sei in der katholischen Kirche, weil sie trotz aller Fehler mehr als 2000 Jahre überdauert hat. Ich selber habe Kirche so anders erlebt als die Menschen, die in der ersten Messe des Synodalen Weges Zeugnis geben und wünsche ihnen so sehr, dass sie dieselbe Erfahrung machen können.

Die Kirche, genauer gesagt ihr Bodenpersonal, hat Fehler gemacht. Manche haben darunter mehr gelitten als andere. Die Missbrauchsopfer zum Beispiel. Deren Leid nimmt mich jedes Mal übel mit und macht mich auch wütend. Und dann, wenn ich so nachdenke, sehe ich auch, dass die Kirche trotz allen Mists immer auch Schönes anzubieten hat, echte Hilfe, Verzeihung, Neuanfang. Trost und Hoffnung – einfach, weil es Jesus gibt.

Wie als Bestätigung, dass ich nicht die Einzige bin mit guten Kirchen-Erfahrungen, macht der Passauer Bischof Oster als Letzter dann einen fröhlichen und hoffnungsvollen Abschluss in der Runde der Zeugnis-Gebenden. „Warum glaube ich? Warum engagiere ich mich in der Kirche? Warum mache ich beim Synodalen Weg mit?", fragt der Bischof, der immer wieder vor allem junge Menschen anspricht, weil er so jung und spontan und ganz relaxt daherkommt. „Ich glaube, weil ich überzeugende Menschen des Glaubens kennenlernen durfte und weil ich die Wahrheit von der erlösenden Gegenwart Jesu selbst erlebt habe. Sie hat mein Leben verändert." Für den Bischof ist die „gute Botschaft die, dass der Herr selbst tatsächlich anwesend ist, dass er liebt, dass er vergibt – und dass er mit seiner Liebe uns und die Welt verändern will". Die Antwort des Menschen darauf sei „ein Vertrauen-Können" – darauf, dass er wirklich da ist, uns erlöst und befreit. Die grundlegende Krise der Kirche liege darin, dass sehr viele einen abwesenden Gott erleben und auch wirklich glaubten, dass er abwesend sei. Die Folge sei, dass man das Evangelium auf bloße Worte, Sätze und Gedanken reduziere. Und dann habe die Frohe Botschaft „auch keine existenziellen, verändernden Auswirkungen mehr auf unsere Menschenherzen". Ohne eine Erfahrung der Gegenwart Jesu reduziere sich Kirche notwendig auf Moral oder einen bloßen Humanismus der Nettigkeit oder auf den Versuch des Relevanzgewinns durch bloß strukturelle Veränderungen. Aber er hoffe, „dass auf diesem [Synodalen] Weg auch die Anwesenheit unseres Herrn erfahrbar wird". Bischof Oster strahlt; hier steht ein Mann der Freude und Hoffnung.

Wünsche des Synodalen Weges

Ein krasser Gegensatz dazu sind die vielen ernsten oder nachdenklichen Gesichter im Sitzungssaal des Dominikanerklosters, den ich nach der Messe betrete. Naja, wir sind auch hier wegen der Missbrauchsfälle in der Kirche. Und da ist einem sicher nie zum Lachen zumute. Ich setze mich. Und schaue aufs Podium auf die Macher dieses Reformprozesses: den Präsidenten des Zentralkomitees der deutschen Katholiken (ZdK), Thomas Sternberg, und Kardinal Reinhard Marx, der damals, zu Beginn des Synodalen Weges, noch Vorsitzender der Deutschen Bischofskonferenz (DBK) war. Beide schauen regungslos auf Papiere, die vor ihnen auf dem Tisch liegen, und scheinen sich darin völlig vertieft zu haben. Ebenfalls auf dem Podium ist Pater Hans Langendörfer, Jesuit und langjähriger Sekretär der DBK. Auch er sitzt regungslos vor Papierstapeln. Ich habe das Gefühl, in einem Gerichtssaal zu sitzen, wo gleich Urteile gesprochen werden. Von Kirche und Froher Botschaft sind wir hier weit entfernt.

Ich fühle mich wie auf einem Minenfeld. Wenn ich mit irgendeiner Aussage danebenliege, fliege ich in die Luft. Meine Nachbarin zur Linken fühlt sich auch beklommen, gesteht sie mir. Ich habe das Glück – die Sitzordnung ist alphabetisch geordnet, – neben einer Gleichgesinnten zu sitzen. Wir sind überzeugt, dass der Weg der Kirche aus der Krise nur über Christus gehen kann, nicht bloß über unser eigenes Tun und Denken. Immerhin ist es Seine Kirche, nicht unsere. Kirche ist nicht deutsch, amerikanisch, französisch oder indonesisch – sondern katholisch.

Aber wie sich herausstellen sollte, vertritt diese Meinung nur die Minderheit der Synodalen. Die meisten wollen die Kirche nach Gusto der Mehrheit verändern. Vehement pochen sie auf ihre Forderungen: Neben dem pseudoehelichen Segen für homosexuelle Lebensgemeinschaften fordern sie eine grundlegend neue Sexualmoral, eine Demokratisierung der Kirche und damit eine Gleichstellung mit politischen Vereinen oder gesellschaftlichen NGO's (was auch Papst Franziskus bei seinem Amtsantritt festgestellt hat), eine oberflächliche Ökumene und damit eine nationalkirchliche Loslösung von der katholischen Weltkirche. Und natürlich die Marginalisierung und Öffnung des Weihepriestertums für verheiratete Männer und besonders für Frauen.

Die katholische Welt, die ich kennengelernt habe, gefällt mir deutlich besser, als was ich auf dem Synodalen Weg erlebe. Warum ist das hier so anders? Was ich erlebt habe, sind sehr viele junge Menschen, aber auch Alte, Familien und Singles, Priester und Laien, Männer und Frauen, die strahlen vor Freude, die beten und anbeten, Lobpreis machen, Gott danken, Messe feiern – als wäre es das Normalste und Selbstverständlichste von der Welt. Dort erlebe ich eine Geschwisterlichkeit, eine Freude, ein Miteinander, ein Sich-Ergänzen. Keine Frau findet es nötig, am Altar zu stehen und verbittert darum zu kämpfen, die priesterliche Weihe zu empfangen, als wäre sie dann erst perfekt und wertvoll oder als sei die Welt dann erst in Ordnung –

und gerecht. Kurz: Man ist zufrieden. Es ist einfach schön, aufbauend, die Menschen strahlen. Als ich solche Menschen zum ersten Mal kennengelernt habe, wollte ich wissen, was sie so glücklich macht. Und ich bin überzeugt, dass unsere Fröhlichkeit, unser Lächeln, unsere Freundlichkeit und unsere Begeisterung es sind, die Menschen aufmerksam machen können. Wie kommen wir zu dieser Begeisterung zurück?

Dieser Synodale Prozess ist – ich bin so ehrlich – das Gegenteil davon. So unwohl habe ich mich auf einer kirchlichen Veranstaltung noch nie gefühlt. Sehr schnell wird deutlich, dass, wer nicht sagt, was man hören will – was nicht den Forderungen entspricht, die die Organisatoren des Synodalen Prozesses aufs Papier gebracht haben –, wird nicht gehört, er wird abgewiegelt.

Ich möchte reden, ich möchte back to the roots und mal mit den Synodalkollegen schauen und ergründen, was Jesus denn wollte, als er die Kirche gestiftet hat – und was wir falsch gemacht haben. Dann können wir neu anfangen, denke ich. Nur leider stellt sich heraus, dass die meisten das herzlich wenig interessiert. Die meisten sind eifrige „Neue Kirche"-Forderer, während ich und andere das für uns wirklich Spannende an der Kirche wieder zutage fördern wollen. Ich wünsche mir Reformen, die Menschen helfen, Christus kennenzulernen, der jedem Enttäuschten wieder Hoffnung und dem Leben immer eine positive Wendung gibt, wie Bischof Oster es gesagt hatte. Statt in

Gremienthemen unterzugehen, wünsche ich mir Reformen, die dazu führen, dass Menschen im Glauben und in der Kirche wieder tiefe Freude und echte Erfüllung erfahren.

Hier scheiden sich die Geister

Ich frage mich aber, ob das hier auf dem Synodalen Weg, so wie er ist, passieren kann. Denn von seiner ganzen Art hat er kaum etwas Kirchliches an sich. Er hat viel mehr von Bundestag, von Politik. Mit „Kanzler Sternberg" und „Präsident Marx". Ich höre zu, wie die Damen und Herren die Kirche Christi den Bach hinunterschicken wollen – voll politischem Kalkül. Und wie das so ist – in der Politik –, herrscht auch ein rauer, angreifender Ton. Besonders erinnere ich mich, wie jemand einen Bischof von der anderen Seite des Saals angefahren hat, weil er anderer Meinung war.

Grundsätzlich hatten einige von uns sehr früh den Eindruck, es gehe nicht um Jesus, sondern um Strukturen, Humanismus und Soziologie. Es geht um den Menschen: was er alles kann, will, fordert und wie er sich darstellen kann. Das soll wohl die neue reformierte, katholische Kirche sein.

Ob man sie katholisch nennen kann, finde ich immer fragwürdiger. Ich verstehe nicht, warum man die katholische Kirche ändern will, wenn es doch eine ganze Reihe anderer Möglichkeiten gibt, den Glauben zu leben; bei den Protestanten oder Freikirchen. Die Synodalen sagen, sie wollten nicht konvertieren, weil sie die Sakramente schätzen, sagen sie. Aber warum feiern wir dann keine heilige Messe, sondern ersetzen sie durch Wort-Gottes-Feiern? Ich hätte außerdem Anbetung und Beichtangebot top gefunden. Offenbar ist unser Verständnis von Sakrament ein unterschiedliches, wie auch das Verständnis von Reform. Und wohl auch von Jesus …? Für die einen bedeuten Reformen strukturelle Änderungen, andere verbinden damit eine Umkehr. Hier scheiden sich offenbar die Geister. Einig sind wir Frauen uns zumindest in einem: Mehr Wertschätzung wäre schön; egal, ob man sich zu Haus um Haushalt, die Kinder und damit die Zukunft unserer Gesellschaft kümmert oder Geschäftsfrau ist. Oder beides.

Ziemlich offensichtlich dann zeigt sich die Scheidung der Geister am Tag darauf, als sich einige Bischöfe in die Mahnwache der Initiative „Maria 2.0" einreihen, während sich andere fragen, warum die Veranstalter für Samstag statt einer Eucharistiefeier nur einen Wortgottesdienst vorsehen – an Priestern mangelt es schließlich nicht. Was mich und andere besonders erschreckt: Alles scheint vorab eingefädelt und genau geplant. Warum nur? Damit man schneller und ohne große Hürden ans Ziel kommt?

Freundlichkeit, Offenheit – und Streitereien

Überraschend freundlich war der Ton beim Regionaltreffen in München. Man hatte die 230 Synodalen auf fünf Orte verteilt. Vor dem Saal fielen einige freundliche Begrüßungen bei Snacks und Getränken. Im Saal wurde einander zugehört. Ich hatte das Gefühl, dass alle sich nach der Ersten Synodalversammlung um mehr Offenheit bemühten. Am Abend sprach mich der damalige Sekretär der Bischofskonferenz, Hans Langendörfer, sogar darauf an: „Wie fanden Sie das Treffen heute?" Zum ersten Mal erlebte ich einen freundlich-entspannt lächelnden Langendörfer. Auch die geistliche Begleiterin des Reformprozesses, Maria Boxberg, kam lächelnd auf mich zu – für einen Plausch.

Wir sind lockerer geworden. Als dann viele zu diesen oder jenen Themen Buchtipps gaben, hatten wir dann auch so etwas wie einen Running Gag und fast jeder, der ans Mikro trat, wollte einen Buchtipp loswerden: „Dazu kann ich auch ein Buch empfehlen." Sehr nett!

Ich freute mich, als auch noch ein gewisser geistlicher Tiefgang die Redebeiträge kennzeichnete. Es ging um die Begegnung mit Gott, darum, dass Menschen Klarheit und Tiefe wollen, fragen, wie man wirklich Christ wird, und darum, dass Kirche nicht nur irgendein Betriebssystem ist.

Nur war's das damit leider auch schon. Es ging dann weiter im bekannten politischen Ton. Die Sitzungen haben etwas von politisierter Theologie. Denn einige Texte sind theologisch nicht ganz stimmig, sie wirken ideologisch. Dass es da zu Streit kommt, wundert mich kaum. Der Regensburger Bischof Rudolf Voderholzer bemängelte das Niveau der Texte aus dem Forum „Partizipation von Frauen in Leitungsdiensten unter den gegenwärtigen Bedingungen des Kirchenrechts". Er selber ist Mitglied dieses Forums, hatte die Texte, die dann allen Synodalen vorgelegt worden sind, nicht nochmal zur Durchsicht erhalten. Er monierte unter anderem, dass verschleiert werde, „dass die Sakramente der Zeit der nachösterlichen Kirche zugehören". Dass es in der Theologie aber eine sehr differenzierte Reflexion auf die Frage der Einsetzung der Sakramente gebe, werde ignoriert.

Im selben Text heißt es zum Thema Frauenweihe,

„Jesu Botschaft vom anbrechenden Reich Gottes gilt allen Menschen gleichermaßen. In Gleichnissen und Predigten wendet sich Jesus an Frauen wie an Männer, bricht mit patriarchalen gesellschaftlichen und religiösen Regeln, hat Jüngerinnen und Jünger, weiht niemanden." Das ist richtig. Aber Jesus hat auch keine heilige Messe gefeiert, keine Beichte abgenommen oder Menschen getauft. Mir scheint das hier angeführte Argument nicht stichhaltig.

Über einen anderen Text sind wir gleich mehrfach gestolpert, sodass ich mich wieder fragen musste, ob es nicht sinnvoll wäre, erst einmal Begriffe zu klären. Offenbar haben die beiden „Parteien" ein unterschiedliches Verständnis von Kirche und einigen theologischen Grundfragen. In einem Text, den wir vorab zur Vorbereitung erhalten haben, heißt es: „Gerade heute braucht es eine Kirche, die sich auf die Herausforderungen einer offenen Gesellschaft einlässt … Es ist wichtiger denn je, die Vielfalt der Begabungen und Berufungen, die der Kirche Kraft verleihen, zu erkennen und ihnen Raum zu geben, nicht zuletzt der jungen Generation, besonders den digital natives."

Die Buntheit an Begabungen und Berufungen ist fantastisch! Aber müssen die Begabungen der einzelnen Gemeindemitglieder – gemäß der Charismenlehre des Paulus im ersten Korintherbrief – nicht getrennt von der besonderen Begabung der Geweihten betrachtet werden? Denn während das eine sich aus den Sakramenten der Taufe und Firmung speist, geht das andere auf das Sakrament der Weihe zurück. Wir können die Vollmacht des Priesters am Altar nicht mit der Charismenlehre des Paulus wegdiskutieren.

Ebenso verwirrt hat mich die unklare Verwendung des Wortes „Tradition": „Tradition ist lebendig, wenn sie sich entwickelt. Traditionelle kirchliche Rollen und Formate müssen überdacht werden." Was ist hier gemeint? Tradition oder Traditionen; die Überlieferung der Apostel von Anfang an bis zum heutigen Tag oder Traditionen, die sich mit der Zeit entwickelt haben? Tradition gehört zum Glaubensgut und ist nicht so mal eben veränderbar. Dazu gehört zum Beispiel die Eucharistie als Allerheiligstes Sakrament, die Weihe nur von Männern und die sogenannte apostolische Sukzession, also die Bischofsweihe, die bis zu den Aposteln zurückgeht und zusammen mit dem Sakramentenverständnis Kirche zu einer Kirche macht.

Traditionen dagegen sind veränderbar und sollen sich auch weiterentwickeln. Manche Traditionen kommen und gehen, wie etwa die Mode der liturgischen Gewänder, bestimmte Lieder oder sogar das Kirchenrecht. Im Text sprechen die Autoren von Tradition. Sie meinen, man könne die Eucharistie durch beliebige Gottesdienstformen und Vorsteher ersetzen – als würden Eucharistie und Priestertum zu den veränderbaren Traditionen gehören.

Hier haben wir es mit der Problematik der Interpretation zu tun. Die eigene Interpretation kann keine Voraussetzung für Wandelbarkeit sein. Es gibt einen hermeneutischen Zirkel zwischen Subjekt und Objekt, der ernst genommen werden will, ohne damit in einen Relativismus zu verfallen. Denn dann wären wir schnell bei Interpretationen von Interpretationen, „die wiederum zu ständigen Neuinterpretationen führen", wie es im vatikanischen Dokument „Die Interpretation der Dogmen" von 1990 heißt. Die Frage, die sich hier stellt, ist, ob es eine Wahrheit an sich gibt, die unabhängig von zeitgeschichtlichen Interpretationen und Kulturen ist, eine allgemeine Wahrheit, die Menschen über alle Kulturen hinweg verbindet und immer gültig wahr bleibt.

In diesem Zusammenhang könnte man statt über die Frauenweihe eher über das Kardinalat für Frauen sprechen. Theoretisch möglich wäre ja, dass bestimmte Frauen in den Kreis der Kardinäle aufgenommen werden. Vorschläge bei einer nächsten Papstwahl auch Frauen, etwa Äbtissinnen, hinzuzunehmen, liegen bereits vor. Man kann der Kirche also nicht vorwerfen, sie würde sich nicht bewegen wollen. Das will sie, aber eben innerhalb der von ihrem Stifter vorgegebenen Möglichkeiten. Das „Kardinalat" ist keine Weihestufe – als „Senat der Kirche" ist das Kardinalat nicht grundsätzlich mit spezifisch priesterlichen Aufgaben verbunden. Vielmehr ist der „Senat der Kirche" ein Beratungs- und Wahlgremium für den Papst. Dennoch ist der Kardinalstitel bisher ausschließlich an die Priesterweihe gebunden. Möglich wäre aber, dass Frauen auf einer Stufe mit den Kardinälen stünden und beispielsweise auch zu einem Konzil stimmberechtigt eingeladen werden könnten. Das Kirchenrecht könnte entsprechend geändert werden.

Grundsätzlich steht die Frage im Raum: Was rechtfertigt und lohnt sich, an die nächste Generation weiterzugeben, und was kann ganz beruhigt vergessen werden? Im Fall der Kirche lautet die Frage, was zum Tradendum der Offenbarung gehört und was nicht. Kirche ist dazu da, die Botschaft der Offenbarung durch die Zeit zu tragen und dafür zu sorgen, dass

Menschen auch in 1000 Jahren noch die Chance haben, die Botschaft Christi und die Selbstoffenbarung Gottes in der Person Jesu zur Kenntnis zu nehmen. Was gehört nun zum Tradendum und was nicht?

Über diese Frage haben sich schon Petrus und Paulus den Kopf zerbrochen. Der Streit der Apostel war der, ob Getaufte beschnitten sein müssen oder nicht. Gehört das Beschnittensein zum Tradendum oder nicht? Und wie haben sie die Frage geklärt? Indem sie sie in aufrichtigem Dialog und mit Blick auf Christus geprüft haben. Die Beschneidung solle den Gläubigen nicht als weitere Last aufgebürdet werden. Voilà. Und so wurde Schritt für Schritt im Laufe der Kirchengeschichte das Tradendum herausgeschält. Bei den Lösungen geht es nicht darum, was gerade die Mehrzahl der Menschen bereit ist aufzunehmen oder nachzuvollziehen, was gerade modern oder cool ist; aus dieser Recherche kann man keine logischen Schlüsse fürs Tradendum ziehen. Sollten wir vor dem Hintergrund der oben genannten als Einheitsbrei verwendeten Begriffe von Tradition und Traditionen nicht erst ungeklärte Basics klären, bevor wir tief in Reformen einsteigen? Sonst kommt es neben den unvermeidlichen Reibungen und Missverständnissen auch noch zu unnötigen.

Heilig war noch nie so einfach!

Wenn alles nur glatt läuft, kann das Leben langweilig werden, sagte einmal jemand zu mir. So gesehen kann es auf dem Synodalen Weg nicht langweilig werden, manchen läuft es aber doch zu zäh. Reformen sollen schnell beschlossen und (zur Probe) umgesetzt werden. Und so prescht die Mehrheit mit ihren bekannten Forderungen vorwärts. Besonders die Forderung nach einer neuen, bequemen Sexuallehre kamen immer entschiedener und drängender und wurden wie Pistolenschüsse immer wieder abgefeuert. Beim Frauenthema verlegte sich die Forderung von der Priesterweihe für Frauen zusätzlich auf Laienpredigten.

Ich verstehe, dass Frauen mehr eingebunden werden möchten und sich mehr Wertschätzung wünschen. Viele sind auch begabt – und schließlich würde ohne uns Frauen die Weiblichkeit in der Kirche fehlen, sagte Johannes Paul II. Dann schaue ich auf die vielen Möglichkeiten, die uns Frauen schon offenstehen. Frauen dürfen so viele Vorträge halten und im Wortgottesdienst predigen. In der Vatikanischen Instruktion „Die pastorale Umkehr der Pfarrgemeinde" heißt es, dass Laien in einer Kirche oder in einer Kapelle predigen dürfen, wenn dies die Umstände, die Notwendigkeit oder der besondere Fall erfordern. Nur während der Feier der Eucharistie geht das nicht. Aber Katechesen halten oder bei Andachten predigen, das können sie ja. Warum fordern Laien nun unbedingt das Predigen in der heiligen Messe? Dass das nicht geht, habe ich nie als Abwertung erfahren, aber möglicherweise haben andere sich viel weniger wertgeschätzt gefühlt und einen konkreten Priester als ihnen gegenüber abwertend. So etwas ist traurig. Genau darum plädiere ich für eine Reform, die bei jedem persönlich beginnt.

Die Frage ist zudem, ob es der Einheit von Verkündigung und eucharistischer Liturgie dienlicher oder angemessener ist, wenn Predigt und Sakramentenhandlungen aus der Hand und dem Mund des geweihten Priesters kommen. Wenn ich so darüber nachsinne, denke ich ja. Diese Regelung ist ja schon im Mittelalter vor allem deshalb eingeführt worden, damit die Verkündigung ganz dem Wort Christi und dem Glauben der Kirche verpflichtet blieb. Sie sollte für die Gläubigen berechenbar sein und die katholische Lehre nicht zu einem Marktplatz von Meinungen verkommen. Das klingt für mich plausibel. Außerdem werden erfahrungsgemäß aus „Kann-Vorschriften" schnell „Muss-Vorschriften"; wenn Laien predigen können, wollen sie bald vielleicht predigen müssen. Bei diesem Thema ticken regelmäßige Kirchbesucher etwas anders als diejenigen, die sich für eine sogenannte moderne Kirche einsetzen. Sie wissen einerseits, dass nicht die Predigt, sondern die eucharistische Liturgie in der Eucharistiefeier der Mittelpunkt ist. Sie möchten gerne aus dem Wortgottesdienst etwas mitnehmen, aber nicht Meinungen oder Kirchenpolitik hineingetragen bekommen. Daher nehme ich gerne das Risiko einer etwas langweiligen Predigt in Kauf, vor allem auch, weil sie aus dem Gehorsamseid des Priesters und seinem Lebenszeugnis für Christus entspringt. Das sieht mindestens eine Hälfte der Synodalen anders.

Auf dem Synodalen Weg zeigt sich leider immer wieder, wie abgrundtief die Gräben zwischen zwei Gruppen mit jeweils unterschiedlichen Standpunkten sind. Bei Abstimmungen zeigt sich diese Mehrheit-Minderheit-Disbalance deutlich. Nur, wenn wir über Glaubenswahrheiten reden: Kann Wahrheit eine Sache von Mehrheitsbeschlüssen sein? Kirche ist nicht Politik, auch wenn sie sich politisch gibt. Die Kirche kann ihre Botschaft nicht an Mehrheiten ausrichten, weil sie sich dem Einen verpflichtet weiß, der der Weg, die Wahrheit und das Leben ist. Kirche muss Kirche bleiben und damit leben, dass andere sich an ihr stoßen.

Die Mehrheit plädiert dennoch unter der Prämisse von Toleranz, Liebe und Glaubwürdigkeit begeistert dafür, dass die Lehre der Kirche umgekrempelt wird. Die kirchliche Lehre gehört radikal geändert und zeitgeisttauglich aufpoliert. Sünde wird zur Tugend erhoben. Aus Kirche wird Kuschelkirche. Bald können wir jubeln: Heilig werden war noch nie so einfach!

Und so kommt es, dass wir nur noch vordergründig über Missbrauch, Macht und Gewaltenteilung in der Kirche reden. Im Grunde geht es darum, eine morallose Kirche zu installieren, um Spaß für alle zu gewährleisten, um möglichst viele Menschen in die Kirche zu locken. Ob das langfristig zieht? Die Synodalen sehen die Not der Kirche, den Verlust an Glaubwürdigkeit. Sie wünschen sich, dass mehr Menschen wieder stolz auf die Kirche sein können, und das ist schön. Nur wenn Kirche ein Verein unter vielen wird, ist sie dann nicht eben auch nur ein Verein unter vielen? Einer von den tausenden Verein, die dem Zeitgeist nachrennen, sich nach dem richten, was Menschen gefällt, damit sie kommen? Ich denke, Kirche darf ruhig anders sein und muss es auch, etwas Besonderes eben. Ich schicke meine Kinder ja gerade darum in die Kirche, weil sie mehr anzubieten hat als das, was es schon überall gibt. Außerdem: Wenn wir über freizügigen Sex sprechen und zugleich die vielen Missbrauchsfälle beklagen, stelle ich mir die Frage nach der Logik; das passt doch nicht zusammen. Aber reden können wir natürlich drüber. Zwei Jahre lang oder mehr, wenn nötig.

Der Synodale Weg – ein ausgeklügeltes System

Seit anderthalb Jahren werden Gremienthemen hin- und her gewalzt. Einmal heißt es, die neue Kirche soll wieder mehr Menschen anlocken, ein anderes Mal höre ich, darum gehe es nicht. Es gehe darum, dass Frauen predigen oder Messe feiern könnten. Wie soll man da noch mitkommen? Wenn der Synodale Weg

Sinnbild der neuen Kirche sein soll, dann fürchte ich, dass wir auch Menschen abschrecken könnten; so eine streitende, sich aufblasende Kirche, die meint, für X Generationen vordenken und die Weltkirche retten zu müssen, finden viele Menschen jetzt schon überhaupt nicht attraktiv. Das ist auch nicht Kirche. Das ist – wie der Papst bei der Generalaudienz vom 25. November 2020 bemerkte – „… als wäre sie [die Kirche] eine politische Partei". Es geht beim Synodalen Prozess um die Frage, wer Recht hat, wir haben hier eine Streitunkultur. Nur Tomaten und rohe Eier sind noch nicht geflogen.

Vielleicht sind sie nur deshalb noch nicht geflogen, weil manche diese Art Debattenkultur gewohnt sind; die Erfurter Theologin Julia Knop zum Beispiel. Für sie ist diese Streit(un)kultur nicht selbstverständlich, wenn man bedenke, dass „unter den Delegierten viele kirchliche Mitarbeiter sind, die alle ihren Dienstvorgesetzten im Raum wussten". Sich nicht zu schonen, das erfordere Mut, fand die resolute Frau, die oft ernst dreinblickt, aber zwischendurch richtig schön lächelt. Besonders schön sei es gewesen, dass Frauen es waren, die ihrem Ärger an der Kirche freien Lauf gelassen haben. Teilweise verstehe ich das.

Ich habe immer wieder den Eindruck, als fänden die Macher dieses Reformprozesses es seltsam, wenn jemand glücklich in der katholischen Kirche ist und dann noch – pfui, wie hinterwäldlerisch – die Sexualmoral hochhält. Aber gerade weil so viel an der Kirche herumgekrittelt wird, versuche ich auch auf das Positive hinzuweisen, damit wir uns nicht wie durch einen Strudel in die Tiefe reißen lassen: Wir hätten viele schöne Aufbrüche in der Kirche. Die Bistümer haben Jobs extra für Frauen geschaffen, setzen diese auf bedeutende Posten und wissen sie wertzuschätzen. „Wer als Frau meint, bei der Kirche Türen einrennen zu müssen, stolpert längst durch weit geöffnete Tore", wagte ich zu sagen. Aber dass es ankommt, das Gefühl habe ich nicht. Nicht auf dem Synodalen Weg, der sich Hypermodernität und Veränderung auf die Fahnen geschrieben hat. Gewisse Veränderungen sind manchmal notwendig, aber dabei dürfen wir unsere Wurzeln nicht abschneiden. Die Organisatoren haben vorgesorgt, dass niemand sie von diesem Kurs abbringt: Ein ausgesprochen ausgeklügeltes System haben sie vorbereitet, so scheint es nicht wenigen immer wieder. Das Forderungenpapier hätte eigentlich nur noch durchgewunken werden müssen. Wären da nicht diejenigen Synodalen, die immer wieder den reibungsfreien Ablauf stören.

Darum drücken die Macher so auf die Tube. Schnell die Kirche ändern und dann: Herzlich willkommen in der Kirche der Funktionäre und Parteigenossen. Ich würde gern zusätzliche Reformen einfordern: Denn das mit den Funktionären und Verbandsvertretungen ist ein Relikt aus der Kulturkampfzeit des 19. Jahrhunderts. Das ZdK hatte damals die Aufgabe, dem Katholizismus in einer protestantischen Welt Gehör zu verschaffen. Seit seiner Gründung bis zum Ende des Zweiten Weltkrieges stand das ZdK dabei der Politik gegenüber, in der es sich Raum zu verschaffen suchte. Peu à peu aber wurden ZdK'ler selbst Politiker, immer mehr verschmolz politisches Handeln mit dem Zeugnis des Glaubens – bis vom Letzterem so gut wie nichts mehr übrig blieb. Heute haben wir Politik statt Evangelium – mit dem ZdK als Zugpferd, das auf römische Erklärungen mit schroffen Gegenerklärungen reagiert[1] (vgl. Ratzinger, 2010, S. 194). Zuletzt hieß es, die Stellungnahme aus Rom zur Segnung der homosexuellen Paare reihe sich ein in „eine Folge von Störungen des Synodalen Weges".

Ja, das mag stören und bremsen. Aber muss das der Papst nicht als derjenige, der das Glaubensgut der Kirche weltweit schützen, unverfälscht verkünden und der Welt erklären muss? Es ist eine Mammutaufgabe. Man macht sich damit nicht gerade beliebt. Aber wenn ich so drüber nachdenke: Wenn es nicht so wäre, hätten wir keine katholische Kirche.

Ich bin heilfroh, dass wir einen Papst haben, denn er übernimmt alle Letztverantwortung für Beschlüsse. Dafür muss er gerade stehen, nicht wir. Darum müssen wir nicht zittern und bangen, ob er eine Entscheidung in unserem Sinne fällt, denn schließlich muss er sich allein vor Gott verantworten. Stellen wir uns einmal vor, wir würden ihn zu einer Entscheidung drängen, die wir irgendwann alle bitter bereuen würden. Ob ich dann jemals wieder ruhig schlafen könnte, dass ich das Schuldenkonto der Kirche noch weiter belastet habe? Lasst uns lieber für den Papst beten, damit er im Sinne des Herrn beschließt – und lehnen uns zurück. Argumente überlassen wir dem Heiligen Geist. Alle für einen, einer für alle.

Der Auftrag des Papstes ist ja, Hüter der Vorgaben Gottes zu sein und diese zu schützen. Er tut, was Jesus gesagt und uns aufgetragen hat. Das geht in der Kirche vor demokratischen Mehrheiten, wie es das ZdK anstrebt.

Das ZdK meint, die demokratische Vertretung der gesamten katholischen Kirche in Deutschland zu sein, und sucht nach Mehrheiten für kirchliche Änderungen. Aber kann man den Glauben von der Konsensfähigkeit her definieren? Glauben heißt vertrauen in einen Gott, der es einfach nur gut mit uns meint. Glauben heißt nicht etwas bekennen, von dem ich meine, die meisten könnten es heute genau so brauchen und nur so annehmen. Damit macht sich der Mensch zum Maßstab aller Dinge. Und damit überhebt er sich. Abgesehen davon ist es höchst fraglich, ob eine solche Kirche langfristig Menschen Heimat bieten kann.

Für die Kirche im Deutschland des 19. Jahrhunderts war es lebensrettend, dass sie sich in lauter Vereinen und Verbänden organisierte und vom Staat nicht aufgefressen wurde. Höchst clever. Damals. Heute ist das unbrauchbar, nicht nötig, falsch, irreführend. Aber eben auch großes Kino.

Neuevangelisierung? Nein, danke!

Schon als die Mitglieder der 1. Synodalversammlung in Frankfurt in den Dom zur Eröffnungsmesse einzogen, stellten sich Damen der Bewegung Maria 2.0 zum Spalier auf – um ihren Forderungen nach Frauenpriestertum, die sie auf Bannern hochhielten, besonderen Ausdruck zu verleihen. Provokation oder ein Schrei um Verständnis? Ich habe keine Zeit, dieser Frage nachzugehen, denn ich fühle mich zurückgesetzt ins 19. Jahrhundert: Die Meinungen der zwei Lager, die sich gegenüberstehen, und ihr Verständnis von Kirche klaffen weit auseinander – wie damals wohl.

Wie können Menschen, die zwar alle subjektiv das ihrer Meinung nach Beste wollen, die meinen, sie hätten „Recht", die so unterschiedlich denken und glauben, auf einen Nenner kommen? Fast unmöglich. Oder zumindest so einfach, wie man in der Bibel liest, wo es heißt: Eher geht ein Kamel durchs Nadelöhr, als dass ein Reicher ins Reich Gottes kommt.

Aber versuchen kann man es. Dialog ist schließlich wichtig. Nur dürfen nicht bloße Meinungen über Glaubensinhalte den Dialog bestimmen, sondern wir müssen auf Jesu hoffnungs- und liebevolle Botschaft fokussen; das Evangelium, das uns herausfordert und uns einlädt, in die Fußstapfen Jesu zu treten. Natürlich dürfen und müssen wir alle lernen, den anderen besser zu verstehen. Aber geht das Zuhören nicht auch ohne Buh-Rufe oder Applaus? Und dann frage ich mich: Brauchen wir wirklich eine protestantisierte katholische Kirche, eine katholische Kirche 2.0? Die Protestanten haben doch schon alles durchexerziert und es doch nicht geschafft, mehr Menschen den Glauben schmackhaft zu machen.

Der Heilige Vater hatte noch vor Beginn des Synodalen Weges in seinem Brief an das „Pilgernde Volk in Deutschland" deutlich gesagt, es soll uns vor allem um Neuevangelisierung gehen und darum, die Einheit mit der Weltkirche zu wahren. Die Bewegung Maria 1.0 hat diese Bitte aufgegriffen und dasselbe vorgeschlagen: „Pastorale Bekehrung ruft uns in Erinnerung, dass die Evangelisierung unser Leitkriterium schlechthin sein muss, unter dem wir alle Schritte erkennen können, die wir als kirchliche Gemeinschaft in Gang zu setzen gerufen sind; Evangelisieren bildet die eigentliche und wesentliche Sendung der Kirche … Evangelisierung führt uns dazu, die Freude am Evangelium wiederzugewinnen, die Freude, Christen zu sein."

Die synodale Chef-Etage spricht mittlerweile immerhin von Evangelisierung. Den Vorschlag, ein Forum „Neuevangelisierung" mit ins Programm zu nehmen, hatten sie aber entschieden abgelehnt. Dabei zeigt die neueste Umfrage im Rahmen des Trend-Monitors MDG, dass jeder Vierte in der Kirche nicht an Gott glaubt. Und wenn wir uns in den Pfarreien umschauen, sehen wir unter anderem Drittklässler, die nur deswegen zur Erstkommunion gehen, weil man das eben so macht oder weil es Geschenke gibt. Sie wissen es oft nicht besser, weil es ihnen niemand sagt – weil Erwachsene es oft selber nicht wissen. Sie haben Kirche vielfach als eine Institution kennengelernt, in der man sich sozial engagiert, Karneval feiert, Kuchen isst oder im Chor singt. Aber Kirche ist viel mehr: Wir dürfen den allmächtigen Gott zum Freund haben. Das hatte der Heilige Vater im Blick; so habe ich es verstanden, als er darum bat, die Neuevangelisierung in den Fokus zu rücken.

Die Synodal-Chefs sind enttäuscht vom Papst, wenn er nicht auf die Reformforderungen der Deutschen eingeht, sondern ihnen auch noch Wind ins Gesicht bläst. Ich verstehe, dass Gegenwind ungemütlich ist, wenn man etwas durchbringen will, von dem man überzeugt ist. Zudem will keiner der Synodalen der Kirche etwas Böses.

Der Papst will auch nur Gutes. Er will der Lehre der Kirche und den Vorgaben Jesu treu bleiben und bittet uns, dasselbe zu tun. Alle Lehräußerungen zur Leitung einer Pfarrei durch Laien, zur Möglichkeit der Frauenordination, zur Einrichtung von Segnungsliturgien für gleichgeschlechtliche Verbindungen, zur überkonfessionellen Mahlgemeinschaft haben die meisten Synodalen so verstanden, dass sie mit dem Synodalen Weg wie bisher weitermachen können.

Für mich handelt es sich bei dem, was der Papst sagt, um verbindliche kirchenrechtliche Korrekturen. Ich hatte bisher gedacht, katholisch wäre die katholische Kirche so lange, wie sie sich in lebendiger Einheit und im Dialog mit der Kirche von Rom befindet. Manche Bischöfe haben auch das Gespräch mit dem Heiligen Vater gesucht.

Viele setzen dem Papst aber indirekt die Pistole auf die Brust. Was für ein Druck muss es sein, wenn man immer wieder gedrängt wird, den Eid zu brechen, den jeder Bischof leisten muss, wenn er geweiht werden soll: Darin heißt es unter anderem, dass er treu zur Lehre der Kirche sein und sie unverfälscht verkünden muss. Er wird ja nicht in seinem Zimmer auf und ab laufen und Blüten von einer Blume pflücken: Eid brechen, Eid nicht brechen, Eid brechen, Eid nicht brechen.

Papst Franziskus wird sich nicht verunsichern lassen. Er hat sich nach dem ersten Brief weitere Male an seine Schäfchen gewandt und oft darauf hingewiesen, was der Auftrag der Kirche ist. Er will, dass wir beten, auf den Geist Gottes hören, die Lehre akzeptieren, die auch er nicht ändern kann. Jesus Christus, so lehrt die katholische Kirche, hat uns ein Vermächtnis hinterlassen. Und dieses Vermächtnis sowie den Stifterwillen Jesu, der die Kirche gegründet hat, darf niemand einfach ändern. Genauso kann man nicht die Philosophie irgendeiner weltlichen Stiftung willkürlich ändern, weil sie einem grad so nicht passt. Richtig wäre offen gestanden, sich etwas anderes zu suchen. Das ist in der Kirche nicht anders als in der Arbeitswelt. Wobei ich glaube, dass wir alle die Lehre der Kirche erst noch richtig verstehen lernen dürfen und uns in Anbetung, Lobpreis etc. von Gott selbst beschenken und berühren lassen dürfen. Schließlich heißt Christsein ergriffen werden, wie Hans Urs von Balthasar treffsicher formuliert hat.

Wenn in der Kirche dagegen Wahrheit mit Mehrheitsentscheidungen gleichgesetzt werden soll, wird sie ganz schön anstrengend. Dann muss ich alle paar Jahre wählen gehen und neu über die Lehre entscheiden. Heute entscheiden wir nach Gusto des Herrn Kanzlers Sternberg, in fünf Jahren passen wir Kirche an das an, was der Mainstream dann floatet und in 10 Jahren – weiß der Kuckuck, was dann in ist.

Da lob ich mir die Konstanz und Beständigkeit der katholischen Lehre. Die gibt Orientierung, ich weiß, woran ich bin, ich bin völlig frei, nach dieser Lehre zu leben. Aber – so habe ich es bisher verstanden – ich kann nicht die Lehre austauschen durch ein neues Regelwerk, nur damit ich ein Häkchen hinter Regel x und Gesetzchen y setzen und mich zufrieden in den Sessel lehnen kann, mir selbst auf die Schulter klopfend: Gut gemacht! – Oder etwa doch?

KAPITEL 2

RAN AN DIE GELDBÖRSEN!

Ich sitze auf meinem Stuhl und höre zu, wie die Kirche Jesu auf ein neues Fundament gestellt werden soll. Aber auf welches eigentlich? Während ich den Redebeiträgen folge, taucht vor meinem geistigen Auge die Villa Kunterbunt auf: „2 x 3 macht 4 – Widdewiddewitt und 3 macht 9e! Ich mach mir die Welt – widdewidde, wie sie mir gefällt", denke ich. Pippi Langstrumpfs Kraft entspricht der zahlenmäßigen Stärke derer, die an einer komfortablen Kirche basteln. Und Geld wie Pippi Langstrumpf haben sie auch. Unsere Steuergelder nämlich. Aber mein Geld möchte ich sinnvoller einsetzen, denke ich und knoble an einem neuen Kirchensteuersystem.

Niederländer rümpfen die Nase oder machen ungläubige, kugelrunde Augen, wenn man denen von unserm Kirchensteuersystem erzählt. Völlig unverständlich finden sie das. In den Niederlanden läuft es so, dass man sich in einer beliebigen Pfarrei einschreibt – sich selber eine aussuchen kann – und diese finanziell unterstützt. Einmal im Jahr gibt die Pfarrei bekannt, ob und wie viel in der Kasse fehlt. Und jeder ist eingeladen zu spenden. Pfarreiarbeit und -finanzierung ist Sache der Gläubigen. In den USA ist das ähnlich. Die dort beherrschende Frage unter den Gläubigen ist nicht die nach dem Amt, sondern Gläubige fragen sich, was sie tun können, um die christliche Gemeinschaft zu stärken und Menschen zu Christus zu führen. Um Frauenpriestertum geht es dann nicht. Sie verstehen sich intensiver als wir Deutschen als Gottes Kinder und Jesu Kirche, deren Mittelpunkt Jesus Christus ist.

Dass Gemeinschaft wichtig für die Evangelisierung ist, könnten wir von den Amerikanern genauso lernen wie das Verteilen von Aufgaben nach Fähigkeiten, sagte mir die Autorin Theresia Theuke in einem Interview. In der katholischen Kirche in Deutschland seien Aufgaben nicht nach Talent und Eignung verteilt. Theuke hat in Frankreich und in Amerika gelernt, „dass weniger Geld befreiend ist für die Hinwendung zu Christus". In Deutschland würden viele für ihren Broterwerb in der Kirche arbeiten, aber nicht primär für Christus. „Geld führt nicht automatisch zu mehr gelebtem Christsein oder Evangelisierung." In den Staaten finanziert sich jede Gemeinde selber. Entweder, man engagiert sich und finanziert die Gemeinde mit – oder Kirche existiert nicht. Ähnlich ist das in den Niederlanden.

Quotenfrau ist echte Diskriminierung

In Deutschland zahlt jeder, der noch nicht aus der Kirche ausgetreten ist, automatisch Steuern an die Kirche. Man könnte das viele Geld ja wirklich für gute Evangelisierung und soziale Projekte und zur Wiedergutmachung von Missbrauchsopfern einsetzen. Wir müssen als Synodale nicht in teuren Hotels unter Kronleuchtern sitzen und Glitter, Glimmer und funkelnde Perlen betrachten – so herrlich es ist – und nobles Essen genießen. Das ist total schön, keine Frage. Aber mich fragen Menschen auch immer wieder, warum die Kirche so viel Geld für Dinge einsetzt wie diese. Was soll ich darauf antworten? Manche behandeln die Kirche auch gern als Dienstleister. Da man ja gezahlt hat, kann man fordern: Einmal Taufe bitte. Oder: Jetzt endlich gendern bitte! Oder noch besser: Frauen an die Macht!

Um Macht sollte es uns gar nicht gehen; auch darum versammeln wir uns ja, um Machtmissbrauch anzugehen. Und Kirche ist immerhin ein Vermächtnis, ein Stifterwille, an dem hier herumgebastelt werden soll. Meine nette Nachbarin im Versammlungssaal sieht gar nicht begeistert aus. Dann senkt sie ihren Kopf so tief, dass ich nur doch blonde Locken sehe. Ich muss wohl ähnlich begeistert ausschauen. Für mich sind manche Begründungen von avisierten Änderungen in der Kirche theologische Hieroglyphen. Dazu wird mit der Keule der Modernität herumgefuchtelt und damit begründet, dass ja sonst niemand mehr in die Kirche kommen würde. Ich glaube, das stimmt so nicht.

In einem Dokument zum Synodalen Weg lese ich: Die pastorale und liturgische „Nachfrage" verändere sich. „Aufgaben werden anders zugewiesen und Rollen neu beschrieben. Der Synodale Weg wird zeigen, welche Veränderungen nötig sind, damit die Kirche ihrem Auftrag gerecht wird." Was ist nun der Auftrag der Kirche? Auftrag ist, die Menschen zum Heil, zu Jesus Christus zu führen, sein Wort zu bewahren und seine Gegenwart im Sakrament der Eucharistie lebendig zu erhalten. Dazu hat Jesus die Zwölf in die Welt gesandt. Christus begegnen wir in seinem Wort, das in der Lehre der Kirche dank des Lehramts lebendig und gegenwärtig ist und im Sakrament der Eucharistie, das uns aus der Hand des geweihten Priesters in Stellvertretung Christi geschenkt ist.

Die veränderte pastorale und liturgische Nachfrage bemerken wir schon lange und das wird sich noch mehr verschärfen. Noch weniger Menschen werden zur Messe kommen. Aber kann man deswegen das liturgische Leben verändern? Ich glaube, dass wir woanders ansetzen müssten, nämlich den Menschen den Wert der Messe überhaupt wieder begreiflich machen. Die Verkündigung muss sich ändern und dafür sind die Potenziale digitaler Medien so unglaublich wertvoll! Warum nutzen wir die Medien nicht besser für richtig gute Mess-Katechesen? Ich kenne so viele

Menschen, die erst dann begeistert in die Kirche geströmt sind, nachdem sie in irgendeiner Weise Jesus begegnet sind. Das aber ist für viele Synodale irreal: Gott begegnen.

Dass außerdem Frauen mehr gewürdigt und mehr anvertraut bekommen sollen, finde ich gut. Auch viele der synodalen Frauen haben viel geleistet und leisten viel. Das ist richtig schön zu sehen. Aber ist die Sache mit den Quoten nicht etwas mechanisch? Müssten Aufgaben nicht primär nach Eignung und Talent statt nach Quoten vergeben werden? Wir Frauen möchten nicht einer Quote wegen genommen werden, sondern weil jemand uns und unser Talent schätzt und braucht. Mich wundert, dass sich hier noch keine Frau auf die Hinterbeine gestellt hat. Ich will nicht an einen bedeutenden Posten gesetzt werden, um die Quote zu erfüllen; ist das nicht in Wirklichkeit diskriminierend – zumindest keine echte Anerkennung?

Jedenfalls vermisse ich in der Diskussion um die Frauenweihe und die Machtfrage den Aspekt, was Gott eigentlich von uns Frauen wollte, wie er uns geschaffen hat. Bei der ersten Synodalversammlung habe ich diesen Aspekt angerissen und auch von meiner Auslandserfahrung in den Niederlanden erzählt, wo Frauen in der Kirche sehr viel tun – aber die Kirchenbänke sind trotzdem leer. Es ist, als hätte man der Kirche vielerorts das Blut aus den Adern gesaugt. Damit habe ich wohl einen wunden Punkt getroffen. Ich solle aufhören zu sprechen. Die Zeit sei um. Andere hat man auch ausreden lassen. Ich sei bald fertig, sage ich, und rede weiter. Wenn wir schon Politik spielen, dann bitte demokratisch.

KAPITEL 3

WIR SIND DANN MAL
UNDEMOKRATISCH

Offen gestanden muss ich manchmal gähnen, wenn auf dem Synodalen Weg diese Gremienthemen serviert werden. Die sind auch wichtig, aber ausschließlich? Das ist so meilenweit von dem entfernt, was nicht nur ich spannend finde am Christentum und der katholischen Kirche, sondern auch Tausende, Millionen von jungen, aber auch älteren Menschen. Sie sehnen sich nach dem guten Wort, dem Ewigen, ganz Anderen, der Frohen Botschaft, nach Klarheit in der Wahrheit. Sie fragen: Wie begegne ich IHM, kann man mit Gott reden? Wie geht das? Das ist es, was viele junge Menschen interessiert. Kirche sollte ein Ort der Hoffnung und des gelebten Gottvertrauens sein, die Gegenwart Gottes vermitteln, das Feuer des Glaubens entfachen und durch Treffpunkte mit Jesus in Sakramenten und durch Lebenszeugnisse am Brennen halten.

Diese Grabenkämpfe, die wir zurzeit in der katholischen Kirche in Deutschland haben, gehen bei so vielen (jungen) Gläubigen an der Lebenswirklichkeit vorbei. Es wäre schön, wenn die Synodalen erkennen würden, dass die Themen des Synodalen Prozesses im Grunde Randthemen sind und erst an zweiter Stelle kommen sollten. Was so viele Menschen wirklich interessiert, ist das Faszinosum Jesus, das Geheimnisvolle, das Gütige, Unbeschreibliche, total Andere, das manchmal so unverständlich daherkommt, aber so glücklich macht wie nichts, überhaupt nichts anderes, auf der Welt glücklich machen kann.

Warum eigentlich hat dieser jüdische Mann Menschen so fasziniert? Könnte es sein, dass er viele unglaublich beeindruckt und angezogen hat, weil er die Wahrheit deutlich, aber voller Liebe und Güte gesagt hat – und dieser gewaltige Strom der Liebe schon durch seine Augen sprühte? Was ist das überhaupt für eine Wahrheit, die er verkündete? Wenn ich Jesus nicht kennen würde, wollte ich ihn kennenlernen, diesen Mann voller Geheimnisse. Könnte es nicht sein, dass Wahrheit manchmal ungemütlich ist, letztlich aber doch glücklich macht?

Ich erinnere mich, wie ich in Rom einen Teil des Buches „Theologie des Leibes für Anfänger" übersetzte: Ich war so erfüllt von Freude und fühlte, dass das die Wahrheit ist. Ein unbeschreibliches Gefühl, dieses Glück! So anspruchsvoll die Kirche ist, so anstrengend die Gebote Gottes sein können, so sehr ist das Ergebnis ein erfülltes Leben in echter Freude! Dafür lohnt sich der Hindernislauf in der katholischen Kirche. Sportlich, aber gesund für Geist, Leib und Seele! Das klingt abgefahren, ist es auch; das ist verrückt im besten Sinn des Wortes. Als ein Bischof bei einem Treffen des Synodalen Weges einmal auf Johannes Paul II. und seine Theologie des Leibes zu sprechen kam, wurde er abgewimmelt. „Das war doch ein Heiliger!", erwiderte er, die hätten uns doch bestimmt etwas zu sagen. Man könnte meinen, Heilige seien für viele Synodale wie das rote Tuch für den Stier. Auch den heiligen Augustinus dürfe man heute nicht mehr ganz ernst nehmen, heißt es immer wieder. Waren die zu radikal? Oder zu romantisch?

Romantisch ist das Leben mit Gott sicher nicht. Es ist purer Realismus. Kein Paradies, sondern ein Leben mit Höhen und Tiefen und doch voller Glück, wobei jeder irgendwann erfahren muss, dass man Glück nicht selber machen, ein für alle Mal festschreiben und dann vermehren kann wie einen Aktienindex. Dass wir das mit den geplanten Reformen in der Kirche schaffen könnten, bezweifle ich.

Dort soll heilig werden vereinfacht werden, indem man Sünde zur Tugend erhebt, Moral auf dem Dachboden verschwinden und verstauben lässt. Wenn ich jetzt an die Arbeitswelt denke, dann stelle ich fest, dass es das dort schon gibt – freie Sexualität, Frauen auf hohen Posten – die Menschen sehen trotzdem nicht alle so aus, als wären sie besonders glücklich.

Die Art und Weise, wie das Präsidium seine Pläne für die neue Kirche umsetzen wollte, stieß schon auf der ersten Versammlung des Synodalen Weges auf gewaltige Kritik; das Vorgehen sei nicht demokratisch, monierten nicht wenige. Pfarrer Dr. Wolfgang Picken, Stadtdechant von Bonn, hat einen Antrag auf gleichberechtigte und transparente Mitgestaltung für alle Mitglieder der Synodalversammlung gefordert – und hatte damit Synodale aus beiden Meinungslagern auf seiner Seite. Denn es hieß zwar, der Synodale Weg sei transparent und gleichberechtigt, er war es aber nicht. „Wir befürchten einen desintegrativen Effekt für die vielen Personen, die weder dem ZdK noch der DBK angehören", sagte der hochgewachsene, edel wirkende Geistliche mit dem glatt nach hinten gestylten Haar; er könnte fast einer Männermodelzeitschrift entsprungen sein.

Von wegen Partizipation

Pickens Antrag wurde einfach abgeschmettert, obwohl er Recht hatte. Besonders eindrucksvoll stützte ihn der Dominikanerpater Simon Hacker OP, ein junger gesetzter Mann mit Pferdeschwanz. Es gäbe genügend Synodale, die dem Synodalpräsidium Intransparenz und fehlende Beteiligungsmöglichkeiten vorwerfen würden, sagte er unter anderem und kam so in Fahrt vor lauter Empörung über diese Intransparenz, dass die ohnehin schon „geradezu greifbare" angespannte Atmosphäre kurz vor der Explosion stand. Ein Eklat war zum Greifen nah.

Picken hatte einen wunden Punkt berührt. Die 30 bis 35 Teilnehmer der vier Synodalforen wurden bis zur letzten Minute nicht bekanntgegeben. Rund 30 Mitglieder der Vollversammlung wurden nicht als Forums-Teilnehmer auserwählt, sondern 15 Personen aus den vorbereitenden Foren, die vor Beginn des Synodalen Weges bereits Papiere mit Reformforderungen vorbereitet haben, automatisch in die neue Gruppe mit aufgenommen. In jedes Forum konnten nur noch fünf Personen gewählt werden – alle anderen sind bereits vorab gesetzt gewesen. Sieht so die viel gepriesene Partizipation aus? Dabei sollte alles ganz neu beginnen, als hätte es die Vorbereitung nicht gegeben, hieß es. Und selbst die Texte, die zum Abschluss der vorbereitenden Foren verfasst wurden, haben wir dann doch mitbekommen. Sie sollten dann doch die Basis der weiteren Überlegungen bilden. Tabula rasa ist anders. Gerechtigkeit auch.

Die Religionsphilosophin Hanna-Barbara Gerl-Falkovitz hielt später in einem Interview fest: „Es war kaum möglich, in die vom Präsidium vorbestimmte Satzung ebenso wie in die Geschäftsordnung Änderungen einzubringen. Die Vollversammlung hat dem erstaunlicherweise fast klaglos zugestimmt. Wollte man sich einfach nicht die Mühe machen?" Auch hätte man gefragt, warum die Liste der je 30–35 Teilnehmer der Foren bis zur letzten Minute nicht bekanntgegeben wurde. „Je 15 davon waren bereits mit der Ausarbeitung der Texte beschäftigt, die die Grundlage der kommenden Foren bilden. Auch hier bekommen die Ernannten also vorgekaute Kost."

Ebenso wenig demokratisch war, dass ausgerechnet die Wortmeldungen – die per Karte auf dem Podium angemeldet werden mussten – einer Professorin und eines Geistlichen, die nicht die Meinung der Mehrheit abbildeten, verschwunden (vom Tisch gefallen?) und anscheinend später wieder aufgetaucht sind.

Das mag natürlich ein Versehen gewesen sein …

Ich selber staunte auch darüber, als Beiträge, mit denen die Synodalen ins Synodale Horn bliesen, zu Ende gehört und dafür auch die Redezeit verlängert wurde, während andere, die sich kritisch äußerten oder zum Nachdenken anregen wollten, das Mikrofon verlassen mussten, wenn die Sanduhr durchgelaufen ist. Wir hatten nur diese kurzen Momente. Mir war es wichtig, den Gedanken schlüssig zu Ende zu bringen, auch wenn ich dafür keinen Applaus bekommen sollte. Um Applaus geht es auch nicht. Applaus, kein Applaus oder Buh-Rufe erinnern mich an Bundestag. Auf dem Synodalen Weg möchte ich die Menschen kennenlernen und ihre Meinung nachzuvollziehen versuchen, mich üben in einem guten Dialog und positiver Kommunikation. Dem stehen Buh-Rufe oder Applaus nicht nur entgegen – sie zeigen auch nach außen, wie gespalten wir sind.

Und dann: Warum drohen Frauen, aus der Kirche auszutreten, wenn sie kein Amt bekleiden dürfen? Wieso wurde der Antrag für ein 5. Forum zur Evangelisation mehrheitlich abgelehnt, obwohl der Synodale Weg doch alle Katholiken mitnehmen und die ganze Kirche abbilden sollte? ZdK-Präsident Thomas Sternberg fand, die Gegner des „Synodalen Wegs" hätten versucht, den Prozess mithilfe des Vatikans „plattzumachen".

Wenn der Mörder sich anschleicht

Ich glaube eher, dass manche bei den geplanten Reformen einfach die katholische Kirche als solche wanken sehen und sich sorgen. Sie haben nur eine andere Meinung als Sternberg und seine Funktionärskollegen. Zudem hieß es, wir sollten offen und ehrlich sagen, was uns auf der Seele brennt.

Das war sicher nicht bloß eine Floskel, aber geahnt hatten die Organisatoren wohl kaum, dass der Verlauf des Synodalen Weges alles andere als reibungslos verlaufen würde. Nicht nur aus den eigenen Reihen kommt Kritik, Christen aus vielen Teilen der Welt verfolgen den Synodalen Weg durchaus auch kopfschüttelnd oder misstrauisch. Darauf komme ich noch zu sprechen. Der Synodale Weg der katholischen Kirche in Deutschland ist nur ein Staubkörnchen in der katholischen Weltkirche. Da würde ich mir wünschen, dass wir Kritik und Rat von außen ernster nehmen.

Aber das anzuzweifeln, würde den Prozess aufhalten, und das wollen die Synodal-Chefs nicht. Aber will gut Ding nicht Weile haben? Das kennen wir von wichtigen Lebensentscheidungen. Zdk-Präsident Sternberg monierte zu Beginn der Online-Versammlung im Februar 2021, fest auf sein Papier blickend, dass es „törichte Bemerkungen" zum Synodalen Weg gäbe, die unterstellen würden, die „Protestantisierung" der katholischen Kirche voranzutreiben – was das überhaupt sei – und die den Prozess ausbremsen würden. Aber ist das nicht logische Folge eines ehrlichen Dialogs und einer echten Auseinandersetzung mit dem Glauben, dass es manchmal dauert?

Auseinandersetzung mit dem Glauben schließt auch mit ein, dass man sich in der Welt nicht nur Freunde macht. Kirche hat immer angeeckt. Aber viele kennen Kirche nur von den Reizthemen her. Darum bleiben in den Medien journalistische Standards wie Ausgewogenheit, Objektivität, Fakten häufig auf der Strecke, wenn es um die katholische Kirche geht, vor allem, wenn es um diejenigen Katholiken geht, denen der Gedanke an Glaube und Kirche ein Lächeln ins Gesicht zaubert. Darf nicht sein, ist nicht modern.

Richtig, der Ausdruck „modern" ist viel zu schwach! Kirche ist die Avantgarde schlechthin, weil sie den ganzen Menschen im Blick hat, Vergangenheit, Gegenwart und Zukunft. Und das klingt für viele wie Zwölftonmusik. Um Kirche zu verstehen, braucht es viel Zeit und viel Wissen. Und ein offenes Herz.

Um ein Beispiel für diesen eben angesprochenen Journalismus zu bringen: 2020 stand im Münchner

Merkur auf Seite Drei in einem Artikel zum Synodalen Weg unter einem Bild mit Kardinal X und Kardinal Y: „Es reicht ihm: Kardinal X … links neben ihm … Kardinal Y, der als einer seiner größten Widersacher gilt." Der Widersacher ist für uns Katholiken Satan. Kardinal Y so zu bezeichnen, ist mehr als schlechter Geschmack!

Noch ein Beispiel: In einem Bericht des ZDF in der Sendung frontal21 über den Synodalen Weg, die im Februar 2020 ausgestrahlt wurde, ist die Rede von verschrobenem Zölibatszwang, absolutistischer Monarchie, von Frauenunterdrückung, armen Homosexuellen oder verliebten Priestern, denen die Liebe verboten wird. Das sind Plattitüden und einseitige Behauptungen voller Polemik. Das ist nicht die Kirche!

Weiter heißt es, die verheerenden Austrittszahlen seien selbstredend – die noch verheerenderen Zahlen bei den Protestanten werden nicht erwähnt, überhaupt werden Zahlen weder in einen Kontext gestellt noch in Relation gesetzt. Manchen Kardinälen wird mangelnder Reformwille unterstellt. Das stimmt so nicht; sie stehen für eine andere Art der Reform, ihr Grundansatz ist eine Reform der Herzen, die Umkehr. Sie denken nicht von Strukturen her, sondern von der geistlichen Erneuerung eines jeden, wie der Papst es auch gesagt hat. Nun erklang zu dieser Unterstellung auch noch Gruselmusik, die sonst im schlechten Krimi verwendet wird, wenn der Mörder sich anschleicht. Selbst die Musik – wie so oft manipulativ eingesetzt – unterstützte ein so einseitig negatives Bild des Bischofs Y, der sich schlichtweg an die Empfehlungen des Papstes und die Lehre der 2000-jährigen Kirchengeschichte halten will.

Gottesdienst auf Yogamatten?

Seit wann darf man in der Demokratie seine Meinung nicht äußern, wenn sie nicht die Meinung der Mehrheit widerspiegelt? So etwas kenne ich vom Kommunismus. Das Problem des Demokratisierungswillens auf dem Synodalen Weg ist meines Erachtens, dass sich dieser Wille auf Themen bezieht, die Dogmen infrage stellen und den Glauben von der Konsensfähigkeit her zu definieren suchen. Und so gehört zu dieser neuen „Demokratie", dass man nicht mehr nur glaubt oder nicht glaubt, sondern einfach sagt, was man meint, dass geglaubt werden sollte, damit es den Menschen heute guttut und vor allem zuzumuten ist. Wenn wir danach gehen, geben wir uns dann nicht bald buddhistischen Meditationen und Yoga hin? Das kann man Menschen zumuten, Buddhismus ist beliebt, Buddha-Statuen gibt es sogar in Ramschläden zu kaufen. Wenn wir aktuelles menschliches Interesse und die Zumutbarkeit zum Maßstab nehmen, reden wir nicht mehr vom göttlichen Stifterwillen, sondern von einem Stiftervorschlag und könnten dann zur Messe nicht Brot und Wein, sondern vegane Kekse und Cocktails mit oder ohne Schuss servieren – je nachdem, was den Gästen mundet. Man nehme dann noch eine Yogamatte mit und wiederverwertbare Becher zum Anstoßen.

Und dann diskutieren wir darüber, warum die Kirche uns verpflichten kann, an dieses oder jenes zu glauben – es könnten ja auch Herr Müller oder Frau Meier vorschlagen, was sie für richtig halten: Ist die konsekrierte Hostie der Leib Jesu oder nicht? Und dann weitergedacht: Wenn Mehrheiten beschließen, was richtig oder falsch ist, dann ändert sich der Glaube permanent, je nach Mehrheiten. Dann beschließt man wie im Bundestag darüber, ob Maria Jungfrau war oder nicht. Ist ja auch eine Zumutung, den Menschen mit dem wissenschaftlichen Wissen von heute erklären zu wollen, dass Gott allmächtig ist und machen kann, dass eine Frau buchstäblich aus heiterem Himmel schwanger wird.

Ich erinnere mich, wie man uns Kindern auf einer katholischen Kinderfreizeit erklärt hat, die wunderbare Brotvermehrung sei nur eine Geschichte, um zu zeigen, dass Jesus ein besonderer Mensch gewesen ist. Mich hat das damals schon gewundert. Warum enthalten wir den Kindern, die sonst vielleicht wenig von Jesus hören, einen sehr wichtigen Aspekt unseres Glaubens vor: dass Gott allmächtig ist und Wunder wirken kann?

Wonach entscheiden wir überhaupt, was richtig sein soll? Hier gibt es zwei Möglichkeiten, erklärte Joseph Ratzinger schon vor Jahren: Entweder die Kirche hat keine andere Ermächtigung als Mehrheiten – und dann gibt es keinen Glauben, sondern nur Meinungen. Oder sie hat eine andere Ermächtigung. Davon geht die katholische Kirche aus. Darum richtet sie sich nach dieser anderen Ermächtigung, nach dem Vermächtnis Jesu. Sie ist gebunden an das Wort Gottes, die Lehre und die Tradition. Das kann man furchtbar finden. Aber Fakt ist, dass überall dort, wo Menschen sich auf die Basics der katholischen Kirche konzentrieren, der Glaube blüht, die Kirchen voll sind, junge Menschen Freude am Glauben haben. Ich würde mir wünschen, dass wir auf dem Synodalen Weg auch dort hinschauen. Nicht nur einmal und flüchtig.

Jeder sucht doch das Schöne. In diesem Fall lehnt er es ab, als stünde der Teufel persönlich vor der Tür. Den treibt man denn auch schnell aus, wie beispielsweise auf dem Katholikentag in Hamburg im Jahr 2000 geschehen: Homosexuelle wurden eingeladen, aber den vor lebendigem Glauben und Freude strotzenden jungen Pfadfindern wurde die Tür von der Nase zugeknallt. Fehlte nur noch, dass ein Schild aufgehängt wurde: Zutritt für fröhliche Gläubige verboten!

So ungerecht, wie man hier vorgegangen war und die einen ausschloss, während die anderen hineinspazieren durften, ist auch die Besetzung des Synodalen Weges. Die Foren zu den Themen dieses Reformprozesses sind nicht paritätisch besetzt. Das ist, als wenn im Bundestag bei einer Abstimmung zum Stopp von

Flächenversiegelungen nur Bauunternehmer sitzen. Da ist doch schon vorab klar, wofür sie stimmen. Und im Synodalen Weg sitzen überwiegend Menschen, die die Strukturreformen wollen. Auch hier ist das Ergebnis schon vorgezeichnet! Und wer die Vor-Foren besetzt hat, welche die Texte für den Synodalen Weg vorbereitet haben und aus denen sich die Besetzung der Synodalforen etwa hälftig rekrutiert, ist bis heute schleierhaft.

Bitte keine Dopplung der Demokratie

Solange die Pari-Besetzung nicht gegeben ist, läuft der Synodale Weg Gefahr, am Ende nicht die Akzeptanz zu finden, die er haben will. Haben das die Macher dieses Reformweges geahnt? Kardinal Reinhard Marx hat sich 2020 als Vorsitzender der Deutschen Bischofskonferenz zurückgezogen. Der Präsident des Zdk, Thomas Sternberg, der seit 2015 an der Spitze dieses Vereins steht, gab im April 2021 bekannt, er wolle nicht mehr kandidieren. Und das, obwohl der Synodale Weg noch im vollen Gange ist und er ihn selbst, wie Marx auch, mitinitiiert hat. Ist das ein Eingeständnis der synodalen Niederlage?

Vielleicht wäre ein Eingeständnis der Niederlage gar nicht so schlecht. Denn nach außen hin malen wir ein Bild der Zerrissenheit. Wir diskutieren, streiten, reden über Strukturen, dass sich die Buchstaben stapeln – als wollten wir regelrecht, dass niemand unseren Schatz entdeckt. Ich frage mich, wie das nach außen wirkt, diese Diskussions-Endlosschleifen und das Überzeugenwollen, als müssten wir einen Wahlkampf gewinnen. Und dann überlege ich, was die Bindungskraft der Kirche ist; ist es nicht die Beziehung zum Himmel? Und wenn wir nun Kirche aus der Perspektive Gottes versuchen zu verstehen, dann könnten wir uns doch – statt im demokratischen Urwald nach dem Weg zu suchen – viel mehr dem zuwenden, der den Weg längst weiß, weil er selbst der Weg, die Wahrheit und das Leben ist: Jesus. Es wäre aus meiner Sicht einen Versuch wert. Junge Menschen suchen Wegweiser und Leitplanken für ihren Lebensweg, nicht eine Dopplung der Demokratie.

Bei allen Themen, die sicher diskussionswürdig sind, dürfen wir das nicht vergessen: Was wollen die Menschen da draußen wirklich? Darum habe ich im Deutschlandfunk dafür plädiert, den Synodalen Weg zu reformieren, wurde aber abgewimmelt. Ich bleibe dabei: Dieser Reformprozess braucht eine neue Zielrichtung. Wir müssten setzen auf fairness, paritätische Besetzungen, auf echtes Hören im Gebet, auf all das, was ur-katholisch und ur-christlich ist und was so viele junge Menschen selbstverständlich leben. Schauen wir doch mal hin! Statt weiter auf diesem synodalen und demokratischen Irrweg zu schlendern und zu mäandern.

Ich halte es mit dem französischen Schriftsteller Ernst Renan (1823–1892), der einmal sagte: „Es
ist sehr zu befürchten, dass das letzte Ergebnis der so
verstandenen Demokratie einen gesellschaftlichen
Zustand darstellen würde, in dem eine verkommene
Masse keine anderen Besorgnisse hat, als dem Genuss
und dem Vergnügen des unedlen Durchschnittsmen-
schen zu frönen." Die Folge ist dann, dass die Frage
vieler junger Menschen, wie man mit dem lieben Gott
reden kann, weiterhin unbeantwortet bleibt. Wer auf
dem Synodalen Weg sucht, findet nicht.

KAPITEL 4

MIT GENDER-STERNCHEN
ZUM ALTAR

Möglicherweise werden die Initiatoren und Organisatoren des Synodalen Prozesses, das Zentralkomitee der Deutschen Katholiken (ZdK), einige Theologen und ein Teil der Bischöfe nach dem System der Salamitaktik ihren vor allem strukturell motivierten Zielsetzungen irgendwann etwas nähergekommen sein. Und sich, wenn auch nicht zurücklehnen, dann doch auf die Schulter klopfen. Nur ist das nicht sehr wahrscheinlich. Denn niemand darf die Bibel und die Lehre der katholischen Kirche einfach umschreiben. Das wissen die Herren Organisatoren auch, die Bischöfe haben dazu einen Eid geleistet, in dem sie unter anderem versprechen, die Lehre der Kirche treu und unverkürzt zu verkünden. Aber die Ziele, die sie sich gesetzt haben, scheinen vielen zu verlockend zu sein – wie viele Menschen würden der Kirche zu Füßen liegen, wenn sie endlich modern und bequem geworden ist!

Nur Kirche sollte sich diese Institution nicht mehr nennen, zumindest nicht katholische Kirche, denn wenn man die gesteckten Ziele anschaut, ist da so gut wie nichts mehr römisch-katholisch. Und überhaupt, wer kann schon sagen, „was Gottes Wille ist?", rief die freundliche Theologin Dorothea Sattler in den Saal. Hamburgs Oberhirte Stefan Heße – bekannt für seinen Dreitagebart – distanzierte sich sogar unter Applaus vom katholischen Katechismus. Also wollen wir doch weniger katholisch werden? Geht das überhaupt; nur ein bisschen katholisch? Oder ist die von Sternberg abgewiegelte Kritik derer, die eine Protestantisierung befürchten, doch angebracht?

Schon jetzt zeigen die Wortmeldungen von Bischöfen und Laien aus vielen Himmelsrichtungen – aus Polen, aus Denver, San Francisco, Australien, Spanien … –, dass und wie sehr befürchtet wird, dass die katholische Lehre und Liturgie substanziell zerfasert und immer beliebiger werden sollen.

Von Weitem läuten schon die neuen Glocken, die Menschen in die Kirche der Beliebigkeit locken sollen, wo fünf Menschen sechs Meinungen haben – und einfach tun, was ihnen gefällt. Wie Pippi Langstrumpf der Polizei entwischt, entziehen sich die gläubigen Synodalen dem Papst.

Evangelische Freunde sagen mir: Worum wir euch beneiden, das sind der Papst, der eine Richtung vorgibt, die Eucharistie und die Mutter Gottes. Warum wollt ihr das nicht mehr? Vielleicht, weil viele Katholiken diese drei Aspekte nicht (richtig) kennengelernt haben und sich lieber der lauten Mehrheit beugen, als verschrien zu werden als verstaubter, langweiliger Katholik? Dass es unter den die Kirche liebenden Katholiken auch unbarmherzige schwarze Schafe gibt, ist leider wahr. Aber wir wollen ja nicht die Menschen betrachten, sondern Jesus und dessen Idee von der Kirche. Wir müssen zurück zu unseren Wurzeln.

Was wirklich verstaubt ist, ist das Bild, das man von der Kirche hat. Die meisten ahnen nicht, wie spannend und inspirierend unsere Kirche ist! Man müsste nur die ganzen Strukturen mal beiseitelassen und sich die Perle anschauen, die in der katholischen Kirche häufig so verborgen gehalten wird!

Das wissen oft die Protestanten besser als wir. Der evangelische Theologe Peter Hahne hat mehrfach davor gewarnt, in die Sackgasse zu rennen mit diesem Reformprozess. Zuletzt äußerte er sich im April 2021: Frauen am Altar seien doch kein Heilmittel, meinte er auf die Austritte bei den Protestanten hinweisend, wo Frauen bereits Pastorinnen sind: Die Austrittswelle schwappe auch dort „wie ein Tsunami über Luthers Lande".

Frauenweihe mit der Genderkeule

Es hapert nicht daran, dass es keine Priesterinnen gibt, sondern daran, dass die Christen alles machen, was irgendwie nett und freundlich daherkommt, aber nicht immer dem entspricht, was der Stifter der Kirche gedacht hat. Diesem Fauxpas wollte der Papst höchstpersönlich abhelfen und hat mehrfach versucht, die auseinandertreibende Herde wieder zusammen und auf den Weg der katholischen Kirche zurückzuführen. Vergeblich. Es ist ja nicht nur die Lehre der Kirche, die viele absurd finden; der Heilige Vater bedeutet vielen nicht mehr viel. Und dann sind sich Katholiken selbst bei den Basics nicht mehr einig. Ob Maria jungfräuliche Mutter von Jesus gewesen ist und Jesus der Sohn Gottes, wird oft nicht mehr geglaubt. In einem Online-Beitrag von „Baden TV Süd" vom Mai 2021 sagte eine Vertreterin der Bewegung Maria 2.0, Jesus sei nicht unbedingt der Sohn Gottes gewesen. Aber „es muss irgendeine Person gegeben haben, die vor 2000 Jahren für Aufruhr gesorgt hat". Ob sie Jesus hieß, wusste die Dame nicht, man könne das vielleicht nachlesen. Aber dieser Mensch sei charismatisch aufgetreten und habe eine Mutter gehabt.

Na so was. Ein Mann hatte eine Mutter …

Da wundert mich schon weniger, wenn jemand das mit der symbolischen Stellvertretung Christi nicht versteht. Aber auf dem Synodalen Weg laufen hauptsächlich Theologen, Akademiker also. Diese Mutter, von der oben die Rede war, hieß übrigens Maria und müsste auf dem Synodalen Weg eigentlich eine grundlegende Rolle spielen, denn schließlich ist Frauenpower angesagt. Und wer hat schon heilsgeschichtlich eine größere Bedeutung erlangt als Maria, eine Frau? Niemand, da kann kein noch so heiliger Priester mithalten. Aber wenn Dorothea Sattler bei Versammlungen des Synodalen Weges ans Mikro tritt, spricht sie nicht von Maria.

Sattler ist eine sympathisch wirkende Frau mit runden freundlichen Augen. Sie ist Theologin und Romanistin, lehrte als solche an diversen Unis und leitet das Forum „Frauen in Diensten und Ämtern in der Kirche" auf dem Synodalen Weg. Sie sucht ehrlich nach der richtigen Erkenntnis und ihr Anspruch ist es, gründlich zu arbeiten. Ich bewundere ihre ehrliche Suche, ihre Freundlichkeit auch mit Andersdenkenden und ihr ruhiges Sprechen!

Aber wie kommt sie drauf, sich auf dem Synodalen Weg mit Gender zu beschäftigen? Viel spannender wäre es doch mal, Maria, die Mutter Gottes – das muss man sich mal auf der Zunge zergehen lassen, die Mutter des Schöpfers (!) –, ihr Leben und Handeln zu reflektieren und daraus etwas für uns Frauen mitzunehmen. Sich an ihr(er Heiligkeit) abzuarbeiten, ist doch noch herausfordernder als ein Dienst am Altar. Wenn Maria eine so große Bedeutung erlangt hat, sollte man den Erfolg doch bei ihr suchen. Aber beim synodalen Reformprozess steht die Gender-Ideologie Pate. Das verstehe ich nicht. Gender-Mainstreaming hat in der Kirche nichts zu suchen und in der Theologie auch nicht. Gender ist nämlich nicht nur unwissenschaftlich, sondern auch theologisch unterkomplex; Es ist höchstens eine Ersatzreligion[2] (vgl, Günther, C., 2017, S.183). Mit der sozialistischen Gleichheitsformel nach dem Priesteramt zu rufen, hat mit Theologie nichts zu tun und mit dem Schöpfergedanken Gottes auch nicht.

(Grund)Recht und Gleichheit haben mit dem Herrn eine ganz andere, viel tiefere und manchmal für den menschlichen Verstand schwerer zu (be)greifende Bedeutung als in der Welt. Beispielsweise darf das Priesteramt nicht als Grundrecht gemäß der Menschenrechtserklärung der Französischen Revolution gesehen werden. Sondern hier ist Grundrecht gebunden an den Schöpfergedanken Gottes. Nicht der Mensch und sein Verstand geben vor, was recht ist, sondern Gott. Nicht der Mensch verfügt über die Wirklichkeit, sondern ihm geht ein schöpferischer Wille voraus, an den die Kirche gebunden ist, erklärte Kardinal Joseph Ratzinger einmal.

Die Kirche lebt von Voraussetzungen, die sie sich nicht selbst gegeben hat. Das Priestertum ist auch kein historischer Zufallsakt, sondern ein Sakrament, das Jesus eingesetzt hat. Es ist weder eine Privilegierung der einen noch eine Benachteiligung der anderen. Es gibt schon gar nicht ein Recht auf eine priesterliche Weihe-Vollmacht. Dieses Recht gibt es nicht, auch nicht für Männer. Benachteiligung und Ungerechtigkeit setzen voraus, dass einem ein Recht vorenthalten wurde. Ein Recht kann einem nur dann vorenthalten werden, wenn es ein Recht ist, das man einfordern kann. Darum handelt es sich aber bei den durch Christus an seine Kirche übertragenen Vollmachten nicht. Niemand darf dem göttlichen Willen weitere

Vollmachten hinzufügen und so den göttlichen Willen fälschen. Das würde man nicht einmal mit einem weltlichen Unternehmen tun. Warum tut man es dann mit Gott? Dem Dreifaltigen?

Ah, mir dämmert's: In der Runde der Dreifaltigkeit ist keine Frau anwesend. Aus dem Blickwinkel der Genderisten ein Unding. Und den Mann hat er auch zuerst geschaffen. Also, ich sehe das so: Die Frau ist eben das i-Tüpfelchen.

Aber um Mann oder Frau geht es den Gender-Spezialisten ja gar nicht, auch nicht darum, Frauen gleichzustellen. Es geht längst auch um Toiletten, Ampeln und eine neue Sprache, die so aberwitzig und unlogisch ist, dass ich mich frage, warum sie auch in den Synodalen Weg einziehen muss.

Laut Gender-Ideologie sollen nicht mehr Mann und Frau sein – denen wird zumindest die Verschiedenheit abgesprochen –, sondern irgendwelche trans, i-trans, homo, weder noch, queer, blablabla; insgesamt etwa 60 Geschlechter soll es geben – so viele Toiletten könnten wir gar nicht bauen.

Heute bin ich Bi

Man soll bitte glücklich durch die Geschlechterwelt mäandern und sich psychisch und seelisch mal so, mal anders einkleiden. Hauptsache, man weiß nicht, wer man eigentlich ist. Großer Karneval ist das. Dann wird irgendwann eine Frau Priester, weil sie sich als Mann fühlt. Ist das wirklich so einfach? Nein, das kann nicht sein. Das ist nicht logisch. Logisch und einleuchtend ist nur das komplexe Basic-Geheimnis der Biologie – und hier zeigt sich – von Ausnahmen der Intersexualität abgesehen: Am Ende des Tages hat jeder Mensch doch nur eine Vagina oder einen Penis. Und wenn sich ein Trans-Jemand klonen ließe, käme er doch nur wieder als der Ungetranste heraus. Auch nach der Auferstehung, so erklärte die Religionsphilosophin Hanna-Barbara Gerl-Falkovitz auf dem Synodalen Weg in ihrer gewohnt besonnen-nachdenklichen Art, behalte der Mensch seine Geschlechtlichkeit.

Es ist es nun mal Fakt, dass die Geschlechts-Chromosomen der Frauen XX sind, Männer dagegen ein X und ein kleineres, verkümmertes Y haben. Das führt rein äußerlich zu einer Reihe von primären und sekundären Geschlechtsmerkmalen – prüfen Sie es doch nach! –, die beide Geschlechter ganz offensichtlich unterscheiden. Das ist pure Biologie, die Natur. Da gibt es nichts hineinzugendern. Dass man sich anders fühlen mag, was man „gender" nennt, steht auf einem anderen Papier.

Mann und Frau unterscheiden sich nicht nur physiologisch, sondern auch psychologisch und neuronal. Unsere Grundstimmungen sind allein schon dadurch verschieden, dass wir Frauen manchmal durch die Achterbahnfahrt der Hormone gebeutelt werden. Männliche Hormone fahren einfach nur auf einer

Höhe geradeaus. Schon die vorgeburtliche Synapsenbildung im Hirn orientiert sich am Körper – und der ist bei Jungs und Mädchen bekanntlich verschieden.

Vergleichende Studien zeigen auch, dass für die meisten Frauen Fürsorge ein oberster Wert ist, für die meisten Männer Gerechtigkeit. Männer können sich intensiver freuen, Frauen tiefer trauern. Mädchen-Babys kommunizieren lieber, suchen Blickkontakt, während Buben sich mehr für Farben, Formen und Bewegungen im Raum interessieren. Frauen erkranken um ein Vielfaches häufiger an Depressionen, Männer eher an Schizophrenien, sie neigen auch eher zu Suchtverhalten als Frauen. Gefängnisinsassen sind meist Männer, in Deutschlands Gefängnissen sitzen nur 5,4 Prozent Frauen.

Auch biblisch betrachtet gibt es nichts anzuzweifeln oder neu zu schöpfen. In der Schöpfungsgeschichte steht eindeutig, dass Gott den Menschen nach seinem Bild und Gleichnis erschaffen hat, als Mann und Frau schuf er sie, heißt es da. Also wesentlich unterschiedlich, von Anfang an aufeinander zugeordnet und vollkommen gleichwertig. Gott spiegeln beide auf ihre je unterschiedliche Weise wider, in ihrer ganz unterschiedlichen Weise das zu tun, was sie tun. Mann- und Frausein sind leibseelische Wirklichkeiten, die ihren Ausdruck finden in unterschiedlichen Denk- und Verhaltensweisen, Emotionen, Talenten und Aufgaben. Es geht hier nicht um die Herrschaft des einen über den anderen, auch nicht um Über- und Unterordnung, sondern um Ergänzung.

Gehet hin und vermehret euch, heißt es in der Bibel. Da steht nicht: Vermehrt die Geschlechter durch Ideen, Gefühle, Hormonbehandlungen und Operationen.

Lasst die Kirche doch in Ruh

Gott tut doch nichts zufällig und irgendwie. Er macht alles perfekt und in bester Ordnung, wovor viele Wissenschaftler den Hut gezogen haben. Einstein zum Beispiel. Und Newton. Und viele andere mehr. Wenn etwas nicht mehr perfekt ist, dann liegt das an uns Menschen. Es wäre ja eine ungeheure Verarmung der Menschheitsgeschichte, wenn Mann und Frau gleich und austauschbar wären. Statt blühender Landschaften graues Brachland. Auch die Geschlechtervielfalt ist im Grunde keine Vielfalt, denn sie folgt dem „Alle-sind-gleich-Prinzip".

Dass alle gleich seien, höre ich auch immer wieder auf dem Synodalen Weg. Von Gudrun Lux zum Beispiel, einer jungen Frau, die immer klare Kante zeigt und bissl etwas Nett-Freches an sich hat mit dem rundlichen, von halblangem Haar umrandeten Gesicht, aus dem kecke Augen blitzen. Vielen wird sie als Münchner Stadträtin ein Begriff sein. Sie findet, Mann und Frau seien „dasselbe, auch wenn es unterschiedliche Qualitäten gibt", sagte sie in einem Workshop „Geschlecht und Heil. Geschlechtergerechte Christusrepräsentanz von Frau und Mann?" des Synodalen Weges.

Ich wage es trotzdem, auf das päpstliche Dokument „Als Mann und Frau schuf er sie. Für einen Weg des Dialogs zur Genderfrage in der Bildung" hinzuweisen, das die „Manipulationen des Körpers nach Belieben" durch Gender-Mainstreaming kritisiert. Es würden vielfach „angeblich neutrale" Konzepte vermittelt, die ein Menschenbild beschreiben würden, das „dem Glauben und der lauteren Vernunft" widerspreche. Es gibt einen Mann und eine Frau, sonst nichts, sagt der Papst. Mit anderen Worten: Gender ist unvernünftig, Gender ist Blödsinn.

Das werden Dorothea Sattler, ZdK-Chef Sternberg und viele Bischofe bestreiten. Ich finde es jedenfalls unfassbar, dass die Kirche sich nicht mehr nur mit Missbrauch beschäftigt, sondern sich auch dem Gendern widmet. Soll Gender als Türöffner für die Frauenweihe fungieren? Sattler sagt, die Kirche könne an der Gender-Ideologie nicht vorbeigehen. Aber das kann die Kirche sehr wohl, muss sie sogar. Die Kirche ist Hüterin der Gebote Gottes. Gendern würde bedeuten, die Gebote Gottes auszuhebeln. Dazu ist nicht einmal der Papst befugt. Das ist nun einmal so in der katholischen Kirche. Das muss man einfach mal so stehen lassen und Kirche Kirche sein lassen.

Es würde auch niemand auf die Idee kommen, einer Partei wie CDU oder SPD beizutreten und dann zu fordern, dass sie grüner wird, damit man selber sich mit ihr besser identifizieren kann. Auch kann ein PETA-Aktivist nicht bei MC Donalds arbeiten und dann sagen, er fühle sich diskriminiert, weil dort niemand über seine Super-Bio-Gesundheits-Burgerrezept-Vorschläge jubelt und weil Fleisch aus Massentierhaltung verkauft wird. Mc. Donalds ist kein Bio-Tempel und wird auch keiner werden. Und die katholische Kirche ist keine Chamäleonkirche, die sich ständig irgendwelchen Zeitgeistforderungen anpasst – und wird es auch nicht werden. Genauso wenig kann ich als jemand, der mit der Kirche nicht in Einklang lebt, in der Kirche sein, aber fordern, dass sie sich verändert, damit ich mich doch mit ihr identifizieren kann. Keine Ehe würde mit einem solchen „Änder-dich-Prinzip" überleben.

Und ob die Gender-Ideologie überlebt, ist auch nicht gesagt. In Norwegen ist sie schon einmal gescheitert. Dank des norwegischen Komikers und Soziologen Harald Eia, der gezeigt hat, dass das marxistische Credo von Kollektiv und Gleichheit eine ideologische Wunschvorstellung ist.[3] Norwegen hatte 56 Millionen Euro in ein Genderprojekt des staatlichen Genderinstituts NIKK investiert, das Frauen und Männer gleichstellen sollte. Und da kommt dieser Eia daher und deckt ein Paradoxon auf, das die Wissenschaftler nicht erklären und so die Existenz ihres

Instituts nicht mehr rechtfertigen konnten. Es musste schließen. Das Geld war futsch. Es stellte sich heraus, dass Kinder von der Geburt an „geschlechtsspezifische Reaktionen und Interessen hätten, die kulturell noch nicht beeinflusst sein könnten", wie ein norwegischer TV-Sender berichtete; der Titel des Berichts: „Gehirnwäsche – das Gleichstellungsparadox".[4] Und die Moral von der Geschicht'? Der Welt nützt alles Gendern nichts! Nur leider scheint das die Welt überhört zu haben. Auch die katholische.

Machtbekämpfung oder Machtumkehrung?

Schließlich geht es ja – wie drehen uns im Kreis – immer noch um die Selbstverwirklichung der Frau, tönen viele Synodale immer wieder. Und neuerdings wirbeln Gender-Sternchen durch die Luft: Priester*innen, Mitglieder*innen … bald reden wir von Frau*innen, um doppelt abzusichern, dass es um uns Frauen geht. Aber ist es sinnvoll, auf dem Synodalen Weg auch noch Zungenbrecher zu üben, damit Frauen endlich gleichwertig mit dem Mann sind? Wer sagt denn überhaupt, dass Männer das besser können …

Da fällt mir ein, was C. S. Lewis dazu einmal gesagt hat: „Die Macht des Menschen, aus sich zu machen, was ihm beliebt, bedeutet die Macht einiger Weniger, aus anderen zu machen, was ihnen beliebt." Bingo. Dieses ganze Gendern führt den Synodalen Weg ad absurdum: Da wollen Menschen Macht bekämpfen, wollen sie aber selber haben. Das ist nicht Machtbekämpfung, sondern Machtumkehrung.

Das Priestertum für alle gibt es längst

Und jetzt nochmal die Frage, was Gendern mit der Frauenweihe zu tun hat. Wenn ich mich fühle wie ein Mann oder Priester, dann ist das bestimmt nicht Beweis genug dafür, dass Frauen geweiht werden müssen. Welchen Mehrwert hätte die Kirche davon? Es würden ja nicht plötzlich Menschen in Scharen begeistert über Jesus auf den Straßen tanzen und singen, weil irgendwo eine Frau am Altar steht. Auch werden dadurch nicht mehr Menschen in die Kirche strömen. Never. Sie werden höchstens den Trans-Menschen mal begutachten wollen – aus Neugier, nicht weil sie der Glaube plötzlich gepackt hätte. Oder geht es nicht darum, Menschen für Christus zu gewinnen, sondern vor allem darum, dass Frauen auch das Amt haben dürfen?

Natürlich muss die Kirche nach Geschlechtergerechtigkeit streben, aber Gerechtigkeit bedeutet nicht „jedem das Gleiche", sondern „jedem das Seine". Jede Katholikin ist durch die Taufe dazu berufen, im sogenannten allgemeinen Priestertum zu wirken. Das ist nicht wenig. Es gibt unzählige Möglichkeiten, Gottes Liebe und die geniale einzigartige Frohe Botschaft von der Hoffnung und dem liebenden Gott in die Welt zu tragen. Das priesterliche Weihe-Amt unterscheidet sich vom allgemeinen Priestertum ja nur durch wenige sakramentale Handlungen. Und ohne Amt bin ich als Frau doch noch viel freier in der Gestaltung meiner Mission.

Natürlich fehlen der Kirche Berufungen. Aber das liegt bestimmt nicht an mangelnder sexueller Aktivität innerhalb der katholischen Kirche aufgrund des Zölibats oder daran, dass alle Kleriker Macht missbrauchen und Frauen verachten. Ein Aspekt scheint mit der zu sein, dass eine Ausgewogenheit fehlt zwischen „besonderem" und „allgemeinem" Priestertum. Das priesterliche Weihe-Amt wird zu einer Ikone stilisiert, als hinge von der Weihe das Wohl der Frauen ab. Zudem ist die eigentliche Berufung eines Priesters kein Zuckerschlecken. Es ist ein Dienst an der Kirche und dabei im Kern seine Bereitschaft, rund um die Uhr jedem, der bedürftig ist, die Sakramente zu spenden, Arme und Alte zu trösten, in den Gläubigen die Stimme des Gewissens zu wecken, Menschen das Beten und Vergeben zu lehren. Für diesen Dienst müssen sie vollkommen frei sein, sich diesem sakramentalen Dienst ganz hingeben. Niemand gehorcht dabei so sehr dem Willen und dem Ruf Gottes und folgt dem Stifterwillen Christi, der Seine Kirche vom Kreuz herab gestiftet hat, wie ein Priester, der demütig seinen Dienst an allen Gliedern der Kirche und allen Menschen vollzieht.

Nun könnte man dem Priester solche Aufgaben abnehmen, die nicht zwingend er übernehmen muss. Da ist meines Erachtens auch innerhalb der kirchlichen Vorgaben viel möglich. Das allgemeine und das besondere Priestertum sind gleichwertig. Das Konzil spricht von einer „wahre(n) Gleichheit in der allen Gläubigen gemeinsamen Würde und Tätigkeit zum Aufbau des Leibes Christi".

Das bedeute nicht, dass alle gleichförmig und durchgegendert sind, sondern – und auch daran erinnert das Konzil –, dass es nach dem Willen Christi „Lehrer, Ausspender der Geheimnisse und Hirten für die anderen" geben muss.

Der Priester handelt „in persona Christi", verkündet das Wort Gottes, spendet die Sakramente und dient und stärkt so die Gläubigen des allgemeinen Priestertums für ihren Dienst. Was auf dem Synodalen Weg passiert, ist, dass diese spezifische Berufung des Priesters theologisch und strategisch marginalisiert und zu einem Beruf unter vielen gemacht wird, damit theologisch qualifizierte Laien ohne Weihe funktional in Priesterersatz-Positionen gehievt werden können.

Vor allem handelt die Frau ja jetzt schon in persona Christi, klärte der emeritierte Professor Dr. Karl-Heinz Menke in einem Vortrag auf, nämlich wenn sie „im Notfall ein Kind tauft" oder „Kinder erzieht im Glauben". Frauen können gern auch die Hälfte des Domkapitels stellen, wenn sie dafür geeignet sind, aber beim Priester geht es um die sakramentale Repräsentanz Jesu. Stellen Sie sich vor, Ihr Chef sagt zu Ihnen als Frau, Sie würden aufsteigen, müssten aber den Mann spielen. Da würden ihn einige wohl etwas argwöhnisch anschauen.

In Sachen Priesteramt nun findet die synodale Schwester Philippa Rath, dass „Ämterfragen nicht am Geschlecht festgemacht werden dürfen". Die Benediktinerin hat sich auf dem Synodalen Weg schnell einen Namen gemacht. Mit kleinen, fordernd und zugleich etwas traurig blitzenden Augen macht sie der Schar der Delegierten klar, dass Frauen geweiht werden müssen. So viele fühlten sich berufen. Dazu hat sie ein Buch „Weil Gott es so will" mit Geschichten von 150 Frauen geschrieben, die sich zum Diakonat der Frau oder zur Priesterin berufen fühlen. Hat eingeschlagen wie 'ne Bombe, das Buch und wird bereits in einer 2. Auflage verkauft.

Was ich nicht verstehe: Die Benediktinerinnen in Eiblingen forschen doch seit etwa 60 Jahren zum Diakonat der Frau. Warum sollte der Heilige Geist erst jetzt erst enthüllen, dass dies der Wille Gottes ist? Wenn er es früher getan haben sollte, dann hätten die Schwestern gemäß der Benediktusregel in Kapitel 5, „Gehorsam ohne Zögern", sofort reagieren müssen, sobald sie erkannt haben, dass Gott das will – „mit der Schnelligkeit, die aus der Gottesfurcht kommt".

Dann frage ich mich aber auch, ob alle anderen Frauen der Geschichte, Kirchenlehrerinnen und Heilige, die sich mit der Tradition und der Lehre der Kirche befasst haben, nur im Dunkeln getappt sind wie Blinde, die den Willen Gottes nicht erkennen können. Schwester Philippa Rath und andere Frauen sind ja nicht die erste Generation, die über die Lehre der Kirche nachdenkt. Wenn man nun sagt, sie hätten den Willen Gottes endlich erkannt, unterstellt man allen anderen Frauen stillschweigend, diesen entweder nicht erkannt oder sich nicht getraut zu haben, ihn auszusprechen. Das wäre ein schöner Skandal erster Ordnung, Boulevardblätter hätten ihre Schlagzeilen sicher: „Diese heiligen Frauen waren feige!" oder „XY war gar nicht heilig!" oder so ähnlich. Dann müsste man diesen Damen die Heiligkeit aberkennen – oder sie neu prüfen.

Was und ob etwas der Wille Gottes ist, muss gut geprüft werden. Denn ich bezweifle, dass das bloße Gefühl, berufen zu sein, schon die Wahrheit Gottes über das eigene Leben und Gottes Willen für die Kirche offenbaren kann. Berufungen müssen geprüft werden, auch die Kirche muss eine Berufung bestätigen. Sie muss sich auch nach dem richten, was Jesus wollte. Die entscheidende Frage ist dann, was die Wegweiser für die Kirche sein können und müssen.

Die bösen Klerikalen

Klar ist, es können nicht die eigenen Wünsche und Gedanken sein. Besonders gefreut hat mich dazu die Aussage eines süddeutschen Priesters. Er saß in dem Münchner Hotel, in dem die Regionalversammlung des Synodalen Weges stattgefunden hat, allein an einem Tisch des Speisesaals, der mich an einen Königspalast erinnerte mit all dem Glitzerbehang, den Spiegeln und Kronleuchtern, die das Licht reflektierten und einem wohl das Gefühl vermitteln wollten, zu einem Festmahl oder in einer Veranstaltung der besonderen Art geladen worden zu sein. By the way: Wer zahlt das eigentlich alles?

Nun saß da dieser unscheinbare Priester mittleren Alters und schaute mich durch seine unauffällige Brille an. Ich setzte mich neben ihn, genoss mit ihm die gepflegte 5-Sterne-Mahlzeit, ein Gemälde aus Hühnchen, Reis, Salat … sowie kunstvoll angerichteten Erdbeeren, und plauderte mit ihm über Gott und die Welt. Ich wollte auch wissen, warum er Priester geworden sei. So ein Beruf, oder besser so eine Berufung, gilt heute ja als etwas total Verschrobenes.

Nicht für diesen Mann. Er liebe es, Priester zu sein, sagte er auf seine sehr ruhige Art und erzählte mir seine Berufungsgeschichte: Gott selbst habe ihn eingeladen, diese Berufung anzunehmen. Er erfahre den Zölibat als etwas sehr Schönes – wenn er auch später in der Online-Versammlung äußern sollte, man könne den Zölibat als Option anbieten, da ja kaum noch ein Mann zölibatär leben wolle. Messe feiert er auch als Priester – (ach was!) –, aber viele Priester auf einmal, das findet er ungut: Als ich auf die Erste Synodalversammlung in Frankfurt zu sprechen kam und erzählte, wie schade ich es gefunden hatte, dass man die vielen Priester und Bischöfe in die Bänke verwiesen hatte, statt sie gemeinsam einziehen und am Altar die Messe feiern zu lassen, wurden seine kleinen Augen noch kleiner und es platzte aus ihm heraus: Das sei doch Klerikalismus und Machtdemonstration.

Ich war total überrascht und musste einen Augenblick für mich nachdenken: Viele Priester oder Bischöfe, die gemeinsam in roten Gewändern in die Kirche einziehen, sind klerikalistisch und wollen Macht demonstrieren? „Glaube ich nicht", sagte ich. Vielleicht gäbe es machtgierige Priester, aber dass man mit der Priesterweihe automatisch Klerikalist und machtgeil würde – oder spätestens dann, wenn man das Priestergewand überzieht – nee. Ich kenne Priester, die sich aus Liebe wirklich für andere hergeben.

Kirche muss man himmlisch denken

Apropos: Dass das Weiheamt nichts mit Geschlecht zu tun hat, wie Schwester Philippa Rath es sagt, ist menschlich gedacht. Kirche muss man himmlisch denken, das ist die ganze Crux. Warum die katholische Kirche Frauen nicht weiht, hat einen einfachen Grund: weil Jesus das auch nicht gemacht hat. Genau aus diesem Grund hat die Lutherische Kirche in Lettland 2016 gegen Widerstände die Frauenweihe wieder zurückgenommen – um der Bibel treu zu sein, und Jesus.

Auf dem Synodalen Weg diskutieren wir über die Gültigkeit des Schreibens Ordinatio Sacerdotalis von Johannes Paul II. Darin hat er erklärt, die Kirche habe kein Recht, Frauen zu Priestern zu weihen. Das Synodalforum „Macht und Gewaltenteilung in der Kirche – Gemeinsame Teilnahme und Teilhabe am Sendungsauftrag" stellt die Kohärenz der Argumentation und die Geltungskraft der Feststellung „aufgrund neuer Einsichten in das Zeugnis der Bibel, in die Entwicklungen der Tradition und in die Anthropologie der Geschlechter aber vielfach in Frage". Was ein Papst sagt, hat für viele Synodalen keine Verbindlichkeit mehr.

Ich knöpfe mir die Lehraussagen noch einmal vor und denke über die Einsetzung des Priesteramtes nach: Jesus ist auf revolutionäre Weise mit Frauen umgegangen, wie es nie zuvor in der gesamten römischen Antike der Fall war. Das ist, als hätte sich Jesus heute den Hippies der 70er-Jahre angeschlossen. Jesus hat sehr viele Gepflogenheiten der damaligen Kultur grundlegend geändert und mit manchen althergebrachten Anschauungen gebrochen. Er aß mit Sündern und Zöllnern, heilte am Sabbat, räumte den

Tempel frei von Geschäftemachern und Gauklern. Wie er mit Frauen umging, haben die Menschen geradezu als anstößig empfunden. In seinem Gefolge waren eine ganze Reihe Frauen. Dennoch hat er nur Männer als seine zwölf Apostel berufen und zu seinen Nachfolgern ausgewählt. Nicht einmal seine Mutter, die am würdigsten gewesen wäre, eine solche Aufgabe übertragen zu bekommen, erwählte er. Dafür waren Frauen die ersten Zeuginnen der Auferstehung.

Weibliche DNA

Frauen haben eine ganz eigene Schönheit und Würde. Die müssen wir nur wieder entdecken. Dass Frauen auch ohne Amt Großes wirken können, haben uns viele große Frauen der Geschichte gezeigt: Hildegard von Bingen, Theresa von Ávila, Edith Stein oder Mutter Teresa. Vor Mutter Teresa haben sogar die gefürchtetsten Herrscher den Hut gezogen. Und wenn sie Papst Johannes Paul II. besuchte, ließ er für diese Frau sogar Kardinäle stehen. Kardinal Joseph Ratzinger würdigte sie 1973 in seiner Predigt über die Existenz Gottes; man würde an ihr das wahre Wesen von Mutterschaft erkennen.[5]

Mütterlichkeit ist übrigens in die DNA jeder Frau eingebrannt, auch wenn sie kein Kind geboren hat. Durch den Kampf um Gleichberechtigung verlieren wir den Fokus auf die Mütterlichkeit aus den Augen.

Das Ringen um Gleichberechtigung ist in Wirklichkeit nur ein Nebenschauplatz. Auf dem eigentlichen Schlachtfeld geht es um Leben und Tod der Mütterlichkeit. Hier tobt der Artilleriesturm von „Unterdrückung und Anfeindung", der unser Frau- und Muttersein zerstören soll[6] (vgl. Hammond, 2020, S. 130).

Dabei macht genau unser weibliches Herz den Unterschied. Wir Frauen sind es, die mit unserer mütterlichen Art menschliches Leben – leibliches wie geistiges – wachsen lassen, damit es sich entfalten kann. Wie oft stellen sich Institutionen, Gesetze und die Politik zwischen die Beziehung zwischen Mutter und Kind, sodass die Mutter wenig Spielraum hat, um Liebe, Glauben, Hoffnung, gute Gedanken ins Kinderherz zu säen oder das Zuhause einfach nur schön zu gestalten. Wir müssen unsere Mütterlichkeit wiederentdecken. Wir müssen uns wertschätzen lernen und dadurch die Welt verändern.

Wie Mutter Teresa, die eben durch und durch mütterlich war. Was war nun das Besondere und Faszinierende an dieser Frau? Sie lebte die Nachfolge Jesu ganz konkret und radikal jeden Tag, liebte Verstoßene, betete, feierte die heilige Messe, auch und erst recht dann, wenn viel los war. Und sie verkündete die liebe- und hoffnungsvolle Botschaft Jesu. That's it. Ohne Priesteramt.

Warum nun Jesus nur Männer zum Priestertum berief, wissen wir nicht. Aber Christentum ist ja eine Beziehungsreligion. Wir können ihn ja interviewen und mal ordentlich nachbohren. Vielleicht gibt er ja irgendwem irgendwann endlich die Antwort auf diese heiß diskutierte Frage.

KAPITEL 5

FRAU IST NUR DIE HALBE WAHRHEIT – MANN AUCH

Was ist nun eigentlich eine Frau? Wir debattieren über die Frau, ihre Rolle, ihr Verlangen, über das, was modern und angebracht sei im 21. Jahrhundert, verlieren aber darüber die Frauen als Frauen aus dem Blick. Was bedeutet es überhaupt, eine Frau zu sein?

Ist ihre Weiblichkeit ein Geschenk oder eine Last? Folgt daraus für sie ein besonderes Sollen, eine besondere Weise, ihr Leben zu gestalten? Oder eine eigene Weise wahrzunehmen, zu fühlen und zu handeln? Wird sie auf eine spezifische Weise wahrgenommen: als schwach, begehrenswert, bedrohlich, verehrungswürdig, als brauchbares Lasttier, als Heinzelmännchen – pardon Heinzelfrauchen – für alles, als Sex- und Lustobjekt oder als geliebte Gefährtin? Folgen daraus Rechte und Ansprüche an die Gesellschaft? Oder ist das alles, was man weiblich oder männlich nennt, sozial konstruiert? Oder sind alle Menschen gleich (im Sinne von ohne Unterschied) und folgt daraus eine totale Gleichstellung von Mann und Frau?

Fakt ist, dass eine Frau ohne einen Mann leben kann, aber ohne Frau gäbe es keinen Mann und ohne

Mann könnten Frauen keine Kinder gebären. Wir brauchen einander. Zumindest schon mal biologisch. Wohl oder übel, wenn die Spezies Mensch nicht aussterben soll. Statt also zu streiten, wer was machen müsste, um genug wert zu sein, könnten wir uns zusammenraufen und mal schauen, was es mit der Bezogenheit aufeinander auf sich hat. Und dann tun, was unserm Wesen zutiefst entspricht. Daher plädiere ich für eine „back to the roots-Diskussion", wir können es auch eine kurze Betrachtung der Natur von Frau und Mann, quasi eine „Bio-Mensch-Kunde", nennen.

Gibt es also das weibliche Wesen? Eine junge Frau in der Regionalkonferenz in München meinte, was über das Wesen oder den Genius der Frau gesagt werde, sei Quatsch.

Ich musste überlegen: Warum soll Frau-sein Quatsch sein? Ist das nicht wunderschön und einzigartig, dass wir Frauen einen eigenen Genius haben? Suchen wir mal Antworten in der Bibel: Dort heißt es, Gott habe den Menschen als Mann und Frau erschaffen, nicht als Mann und Mann oder Frau und Frau. Dann kann man fragen: Wozu eigentlich? Damit wir Sex haben zum netten Zeitvertreib? Ich stelle mir vor, wie Herr Sternberg und einige Bischöfe nach rechts unten schauen und nervös mit den Füßen scharren. Ein Mann ohne Sex – unmöglich. Ein Priester ohne …: Es würde mich nicht wundern, und das meine ich ganz ohne Häme, wenn es das vielfach nur noch auf dem Papier gäbe. Gerade für einen Mann ist Enthaltsamkeit keine Kleinigkeit.

Yin und Yang auf katholisch

Ein hochgewachsener Johannesbruder aus Marchegg bei Wien, ein – wie würde meine Freundin sagen? – „echter Kerl", sprach mit uns damaligen Jugendlichen einmal über Verliebtsein und Partnerschaften. Er habe sich schon öfter einmal verliebt, wisse aber die Gefühle zu kanalisieren und Gott zu übergeben. Eine Entscheidung für das zölibatäre Leben bedeute nicht, dass alles einfach sei. Aber mit Gott könne man es schaffen. Er berufe niemanden, um ihn dann fallen zu lassen. Ähnliches kann man auch von tibetanischen Mönchen hören.

In der katholischen Kirche hängt die Latte ganz schön hoch. Aber nur weil sie hochhängt, können wir über uns hinauswachsen, aufschauen zum Himmel. Denn die „Hilfe kommt in Namen des Herrn" ... Ich glaube wirklich, dass der Johannesbruder Recht hatte: ohne Gott geht's nicht. Und das ist doch genial, wir haben den Allmächtigen zum Helfer. Und er wird sich etwas dabei gedacht haben, als er den Menschen als Mann und Frau erschuf.

Fangen wir mal ganz vorne an: Allen Frauen gemeinsam ist zunächst, dass sie nur eine Hälfte der Menschheit darstellen und ohne die andere, die Männer, weder existieren noch das Leben weitertragen könnten. Genetisch unterscheiden wir uns durch die X und Y Chromosomen, haben bekanntlich unterschiedliche Körper, die sogar diametral aufeinander zugeschnitten sind. Wir haben unterschiedliche Interessen, Denkweisen etc. (siehe vorangehendes Kapitel) und selbst über die unterschiedliche Kommunikation von Frauen und Männern gibt es eigene Forschungen.

Wenn nun beide nicht das Gleiche sind, anders aussehen, anders denken, fühlen, reden, unterschiedliche Aufgaben in der Fortpflanzung haben, dann dürfen wir davon ausgehen, dass Frauen und Männer auch generell zu Unterschiedlichem berufen sind, mit dem sie aber einander so ergänzen, dass daraus letztlich ein Ganzes wird. Denn wir sind erst zusammen ein Ganzes und erst die Ganzheit macht heil. Und das nicht nur in der körperlichen Vereinigung. Es ist diese Vielfalt, die die Menschheit bis heute weiterbrachte. Jeder kennt Geschichten, wie sich Frauen und Männer gegenseitig kreativ inspirieren und in ihrer Unterschiedlichkeit akzeptieren.

Heute verstehen viele es vielleicht am deutlichsten, wenn man sagt: Das ist so wie Yin und Yang. Nur auf katholisch. Wenn alles im Körper heil ist, fühlen wir uns gut. Es genügt, dass ein Teil, und sei er noch so klein, leidet, dann geht es uns insgesamt schlechter – und wenn es sich nur darum handelt, dass unsere Gedanken um die Verletzung am großen Zeh oder den Kopfschmerz kreisen.

Übertragen auf uns Frauen und unsere Weiblichkeit bedeutet dies: Wenn unsere Weiblichkeit verkümmert, verkümmern wir als Frauen. Letztendlich verkümmert sogar eine ganze Gesellschaft, wenn viele Frauen viel von ihrer Weiblichkeit preisgeben. Mir ist völlig unverständlich, warum wir Frauen nicht so fraulich sein sollen. Seit Jahrzehnten will uns eine Lobby, bestehend aus Frauen (!), unsere Weiblichkeit nehmen. Das ist Genmanipulation durch Gehirnwäsche. Das ist so, als würde man Fischen verbieten wollen, im Wasser zu schwimmen.

Der Feminismus macht nicht frei, sondern seelenlos und manipulierbar. Das Merkwürdigste dabei ist, dass wir von der Weiblichkeit befreit werden sollen, aber niemand aus dieser Feministen-Lobby oder auf dem Synodalen Weg erklärt, was Weiblichkeit genau ist. Und weshalb es im Jahr 2021 hier in Deutschland oder in Europa eine „Befreiung" oder noch mehr „Befreiung" braucht. Man redet von Frauenquoten und Frauen in verantwortungsvollen Positionen, aber was ist Frau und was macht sie aus? Warum müssen wir Frauen überhaupt von unserer Weiblichkeit befreit werden? Homosexuelle dürfen sich doch auch als weiblich bezeichnen; und dann ist das völlig ok. Der Gender-Feminismus krönt sich mit Widersprüchen. Darum lautet mein Fazit: Wir brauchen kein Gender, um uns wertvoll zu fühlen. Wir sind es doch schon. Die Welt hat uns Frauen zu verdanken, dass es Genies gab und es den Menschen überhaupt noch gibt. Und die Welt weiß genau, dass sowohl Powerfrauen, Erfinderinnen, Bäuerinnen oder auch „nur" die Familienmanagerin den gleichen Wert haben wie ihre männlichen Pendants.

Unsere Weiblichkeit macht uns ja nicht zu Mimöschen, die den ganzen Tag heulend Wäsche waschen und darauf warten, dass der Mann heimkommt und für etwas Unterhaltung sorgt nach all den Stapeln Kleider, stinkigen Windeln und verbrannten Töpfen. Die Ariel-Werbung aus den 60er-Jahren läuft – zum Glück – heute nicht mehr. Wir schweben auch nicht in irgendwelchen romantischen Welten und träumen von Prinzessinnenkleidern. Nur manchmal. Na und?

Wir sind einfach nur weiblich. Wir sind einfach nur wir. Wir Frauen haben dieses unglaubliche Geschenk, dass wir Mutter werden können. Außerdem sind wir die Empathischen, die, die sich gut um andere kümmern, die mit dem Herzen hören und sehen können. Männer sind allein von der Biologie her schon anders gestrickt. Eine Gesellschaft ohne uns Frauen würde funktionieren, wäre aber kalt und seelenlos. Das hat Johannes Paul II. auch gesagt, nur in Bezug auf die Kirche. Es gibt eine Sehnsucht nach Weiblichkeit. Bei Frauen, aber auch bei Männern.

Funktional statt weiblich

Ich habe einige Jahre in den Niederlanden gelebt. Durch die gesellschaftlichen Zwänge bedingt, haben Frauen und Mütter ihr Muttersein regelrecht von sich abgeschnitten und mit „wird schon", Augen-zu-und-durch und Nicht-fühlen jegliche Muttergefühle verdrängt. Viele Niederländerinnen müssen oder wollen arbeiten, sie wirken taff und alles wird immer gut.

Das Schöne daran ist, dass sie häufiger relaxter durchs Leben gehen oder positiver aufs Leben schauen als wir Deutschen und meist auf Kindergeschrei freundlich und verständnisvoll reagieren. Was auf der Strecke bleibt, sind Gefühle und oft auch eine gewisse Empathie. Das macht sich in Beziehungen bemerkbar, auch zu Kindern. Die Mütter lieben ihre Kinder, keine Frage. Aber allgemein und hier etwas pauschal gesprochen sind viele Mütter funktionale Mamis, die ihren Kindern Essen und Kleidung geben. Erziehung wird größtenteils in Institutionen wie Krippen, Kitas oder Schulen und durch Großeltern geleistet. Teilzeit- oder Vollzeitarbeiten ist normal, qualitative Zeit mit dem Kind gibt es abends oder am Wochenende. Ich frage mich nur, ob diese Frauen niemals müde sind und wann sie einkaufen gehen oder den Haushalt schmeißen. Selbst wenn ihre Männer sich daran beteiligen sollten, fehlt diesen Müttern gerade in der Kleinkindzeit viel Gelassenheit und Zeit. Sie definieren sich eben über die Arbeit, sagten mir einige Frauen. Manche Niederländerinnen beginnen, das kritisch zu sehen. Sie brechen aus dem System aus und sagen: Ich will wirklich endlich Mutter sein dürfen! Für die Kinder da sein, mit ihnen spielen, lachen, weinen und ihnen Werte vermitteln und als Erste sehen, wie sie laufen lernen oder das erste Wort sprechen.

Sie kämpfen auch dagegen an, dass sie ihre Kinder im Kindergarten nicht eingewöhnen dürfen oder sie überhaupt erst später in die Kita geben wollen. Normal ist, sechs bis zwölf Wochen alte Babys in die Krippe zu geben. Eingewöhnt wird selten. Wenn ein Kind herzzerreißend weint, weil ihnen Mama nach nur paar Minuten den Rücken kehrt und gar nicht auf das Weinen reagiert, heißt es: „Ist nur eine Frage der Gewöhnung". Es müsse lernen, dass die Mama nicht da ist. Die käme ja wieder. Die Hirnforschung nennt das Stress, der mit einer hohen Ausschüttung von Cortisol einhergeht, dem Stresshormon, das wiederum die Entwicklung des kindlichen Gehirns negativ beeinflusst.

Mir zerriss es allein schon beim gelegentlichen Zuschauen das Herz. Ich habe mich gefragt, wo hier die Gesellschaft die Natur des Menschen, von Müttern und Kindern, achtet? Weshalb unserer Gesellschaft die Muttergefühle und Erkenntnisse der Hirnforschung scheinbar egal sind? Wo ist hier das mütterliche „Tier" in uns, das die Jungen beschützt und bereit ist für einen Angriff? Dieselben Frauen sind dann am Wochenende zu müde, um sich um ihre Kinder zu kümmern, und geben sie zu den Großeltern; man müsse sich von der Arbeitswoche erholen. Immer öfter werden Bitten laut, dass die Krippenmamas den Kindern auch das Abendessen geben und den Pyjama anziehen, damit die Mütter sie nur noch ins Bett stecken müssen, erzählte eine Erzieherin.

Das kann man natürlich alles so machen, manche Frauen sind aus finanziellen Gründen oder wenn sie keinen Mann haben, dazu gezwungen. In Deutschland ist der finanzielle Druck auf Familien ab dem zweiten Kind besonders hoch, da sie dann nach Berechnungen des Deutschen Familienverbandes bereits in ein negatives Einkommen (nach Abzug der Steuern und Abgaben) fallen, da es bei uns pro Kind keine Reduktion der Belastungen gibt. Sogar das Bundesverfassungsgericht hat dies angemahnt – doch die Politik tut nichts zur wirklichen finanziellen Gerechtigkeit für Familien.

Ein weiteres Problem, das ich sehe, ist vor allem der soziale und politische Druck, der sehr stark ist: Frauen an die Arbeit. Dann fühlst du dich nicht einsam oder ungebraucht. Was tust du den ganzen Tag? Du arbeitest nicht? – Welche Frau mit Kleinkindern kennt nicht solche Fragen? Die Rush-Hour des Lebens: kleine Kinder erziehen, arbeiten, Vermögen aufbauen etc. Das müsste entzerrt werden, die Gesellschaft sollte den Frauen eine echte Wahlfreiheit zugestehen, wie sie ihr Privatleben organisieren. Die eine Frau hat Großeltern zur Unterstützung und geht gerne mehr arbeiten, die andere Frau hat vielleicht ein Kind mit Neurodermitis und betreut es überwiegend selbst. Ich frage mich zum einen, wo die vielgelobte Entscheidungsfreiheit bleibt – die steht nur auf dem Papier –, und zum andern, warum wir Frauen nicht einfach Mama sein und uns so ins Erwerbsleben einbringen dürfen, wie wir wollen – ohne Druck. Jede Frau so, wie es ihrer Natur und ihrem Familienleben entspricht.

Deutsche Glucken

Ich wäre beim Mom-in-Balance-Training im Delfter Park fast auf der Stelle mitten in der Bewegung festgefroren, als eine junge Mutter erzählte, dass sie ihr eigenes Kind gern aus dem Fenster werfen würde und es Gott sei Dank bald (mit sechs Wochen) in die Krippe käme. Andere zeigten tiefstes Verständnis, waren auch froh, die Kids (bald) weggeben zu können. Ich war zum ersten Mal in meinem Leben wirklich sprachlos. Und als ich wieder sprechen konnte, habe ich ernsthaft überlegt, ob ich irgendetwas in die Richtung sagen soll, dass ich es richtig genießen würde, Mama zu sein, ob ich meine Sicht auf die Dinge äußern solle – oder ob die zu dem Zeitpunkt emotional etwas aufgescheuchte Frauen-Meute über mich herfallen oder zumindest nicht mehr in meinen Kurs kommen würde. Ich schwieg. Sicher ist sicher.

Als deutsche Mama zähle ich zu den Glucken. Deutsche Mamis sind auch bekannt dafür, dass sie mehr gackern als niederländische, wenn es darum geht, für das Kind einzustehen; schließlich kennt eine Mama ihr Kind am besten. Zumindest dachte ich das, bis ich in den Niederlanden war. Dort kennen die Krippenmamis die Kinder oft besser als die Mutter und die Kleinen wollen nicht heim nach einem Tag in der Krippe.

Ich hätte mir ernsthafte Gedanken gemacht, wenn meine Kinder in diesem zarten Alter lieber woanders gewesen wären als zu Hause. Alle Erfahrungen in diesem Land, das ich trotz aller Unterschiede auch lieben gelernt habe, haben in mir Fragen über das Frausein noch vertieft und neue aufgeworfen. Was und wie ist man Mutter? Wie ist man Frau? Was ist Weiblichkeit?

Meine Tochter freut sich schon jetzt darauf, Mama werden zu können! Das macht meinen Mann und mich glücklich, denn es ist schließlich der Ur-Wunsch jeder Frau. Natürlich sieht das Judith Butler anders; biologischer Nachwuchs ist ihr zu profan.

Aber was ist kostbarer als die eigenen Kinder? Das merke ich immer wieder, wenn ich beispielsweise über die Folgen eines frühen Weggebens nachdenke und dazu Literatur wälze. Oder in Holland beobachte und mit Menschen spreche. Die Folge des (zu frühen) Weggebens ist, dass die Beziehung zwischen Eltern und Kind sich nicht naturgemäß entwickeln kann und die frühkindliche Forschung negative Auswirkungen auf spätere Beziehungsfähigkeit feststellt, wie ein Niederländer mir überzeugend sagte. Der Teufelskreis schließt sich, wenn es wieder und wieder Scheidungen gibt und die Frauen arbeiten müssen, um sich über Wasser zu halten. Sind wir Frauen, wir Mütter nicht doch wirklich wichtig, wenn es darum geht, Kindern eine sichere Basis zu bieten, damit sie sich zu reifen Menschen entfalten können?

Die in den 50er-Jahren des vorigen Jahrhunderts von dem Kinderarzt Sir John Bowlby begründete Bindungsforschung zeigt deutlich, wie wichtig eine enge und von intensiven Gefühlen geprägte Beziehung der Babys und Kinder zu anderen, vor allem zur Mutter, ist – und zwar pränatal *und* nachgeburtlich. Schon im Mutterleib werden in Interaktionen zwischen Mutter und Kind Bindungsmuster programmiert und spielen eine Schlüsselrolle in der pränatalen Hirnentwicklung. Nach der Geburt beeinflussen Berührungen, Blickkontakt, eine enge, gute, sichere Beziehung.[7] Heute weiß man darüber hinaus, dass auch die Mütter durch ihre Kinder geprägt werden.

Das darf auch in der Kirche mehr geachtet werden. Ich finde es schade, wenn der Fokus auf der Frage liegt, ob wir nicht doch zur Priesterin geweiht werden dürfen. Die Frage sollte sein: Wie können wir die Weiblichkeit in den Frauen gegen den Mainstream und fundamentalistischen Feminismus stärken und würdigen?

Ist eine mechanische Gleichmacherei überhaupt gerecht? Wollen wir eine Gesellschaft, in der das Weibliche, Schöne, Ästhetische sowie intakte Ehen und Familien ersetzt werden durch Funktionalität, Wirtschaftlichkeit, eine glattgebügelte Geschlechterdifferenz und Patchwork-Familien als Ideal gelten?

Das würde der Natur des Menschen und der Wirklichkeit nicht entsprechen. Jetzt schon wird oft allgemein behauptet oder beklagt, die Männer könnten nicht ganz Mann sein, weil die Frau nicht Frau ist. Männer sollen nicht so selbstbewusst auftreten, sondern bitte empathischer, gefühlvoller sein. Es gibt sogar Schulungen für Männer, wo sie das lernen sollen, während man von Frauen verlangt, taff zu sein. Und wenn sich Jungs im Schulhof raufen (bitte ohne blutige Nasen) oder blaue Knie haben, erzählt eine Freundin, müssen die Eltern zur Sprechstunde antreten.

Ich fürchte, irgendwann wissen wir nicht mehr, wer wir als Mann und Frau sind. Statt einander zu schätzen, agieren wir als Konkurrenten. So ein Machtgerangel erlebe ich auch auf dem Synodalen Weg – Mann gegen Frau, Frau gegen Priester, Laie gegen Kleriker. Der liebe Gott hat sich bestimmt einiges dabei gedacht hat, als er uns so verschieden schuf und dem einen diese Aufgabe und Berufung, dem anderen eine andere Aufgabe übertrug.

Wir können den Schöpfungsbericht nicht genderkompatibel uminterpretieren. Als Utopie können wir dann bald in der Synodalen Bibel lesen, Gott habe die

Welt mit 60 Geschlechtern erschaffen, bereit, sich in weitere Geschlechter auszudifferenzieren. Von Mann und Frau sei nicht die Rede gewesen, sei nur ein dummer Übersetzungsfehler aus dem Griechischen gewesen ... Könne passieren. Nur frage ich mich, ob wir das, was wir unter dem Vorwand der Gleichberechtigung zu erreichen suchen, nicht in Wirklichkeit mit Füßen treten, wenn wir sehen, welche Folgen die von Genderfeministinnen angestrebte Emanzipation von der Natur bewirkt:

Depressionen haben in den letzten Jahren deutlich zugenommen[8], besonders bei Frauen. Kein Wunder, bei dem Druck, der auf Frauen ausgeübt wird. Kein Wunder, wenn gegen unsere Natur Arbeiten als erfüllender proklamiert wird als das Muttersein und „Männer"-Berufe als für uns wie gemacht, wir sollten uns bitte dafür begeistern lassen, wenn wir noch nicht können. Kein Wunder, wenn es als schwach und falsch dargestellt wird, dass wir Frauen uns auch mal (!) an unseren Mann anlehnen dürfen.

Gegen die innere Stimme zu Weiblichkeit und Muttersein geht es um Karriereknick und darum, dass wir uns als Mutter schnell wieder auf dem Arbeitsmarkt integrieren müssten – egal, ob das mit den individuellen eigenen Kindern zusammenpasst oder nicht. Die Kirche sollte sich als Anwältin für Frauen etablieren, um den Druck und die Doppelbelastung aus Beruf und Muttersein in einen guten Einklang zu bringen.

Das weibliche Ideal

Wir Frauen haben schon immer gearbeitet! Und gerne auch nicht nur als Bäuerin oder unbezahlte Familienmanagerin, sondern auch im Erwerbsleben. Frauen sind heute top ausgebildet und das ist auch gut so! Aber lasst uns Frauen bitte doch echte Wahl-Freiheit. Lasst uns unsere weiblichen Ecken und Kanten – oder wohl eher Rundungen. Das Ur-Weibliche wieder zu entdecken, wäre eine für die ganze Gesellschaft sinnvolle Aufgabe. Denn in dem Weiblichen, das oft als zu zart und schwach wahrgenommen und wenig wertgeschätzt wird, steckt viel Potenzial. Besonders an der Mutter Jesu können wir viel von der zärtlichen, weiblichen Stärke ablesen.

Maria war nämlich nicht das devote, schweigsame Mauerblümchen, sondern einfach Frau, eine starke Frau, ein echtes Ideal für die Frau. Sie hat Jesus tatkräftig in seiner Mission unterstützt, auf ihre Art. Sie war es, die Jesus das Startsignal für sein öffentliches Wirken gab und bei der berühmten Hochzeit zu Kana sagte: „Sie haben keinen Wein mehr." Und was ist schon eine Hochzeit ohne Schuss? Und dann sagte sie etwas, das sowohl ihre Haltung Gott gegenüber kennzeichnete als auch ein Auftrag an uns ist: „Was er euch sagt, das tut."

Ihr absolutes Vertrauen in Gott, ohne zu wissen, wo sie ihr „Ja" hinführen würde, ist schon der Wahnsinn. Was sie alles durchgemacht hat und trotzdem geliebt, vertraut und geglaubt hat! Wie sie, ohne an ihrem Sohn irre zu werden und den Glauben zu verlieren, ihren toten Sohn im Arm gehalten hat, während fast alle Apostel davongelaufen sind vor Angst. Eine Frau sagte einmal zu mir: „Wenn mehr Frauen so wären wie Maria, wäre die Welt viel schöner." Was ich dann denke: Dann lasst uns mal drüber nachdenken und diese Frau betrachten!

Die Frau, die laut Maria 2.0 den Mund nicht aufkriegt bzw. der man auf Plakaten zwei Pflaster über den Mund geklebt hat, ist uns ein ganz schönes Stück voraus. Mir ist völlig unverständlich, dass manche Maria so instrumentalisieren für eigene Zwecke, unter anderem, um die Frauenweihe zu forcieren. Maria wollte doch gar nicht geweihte Priesterin werden. Sie hat das allgemeine Priestertum schon gelebt. Statt also nur Maß am Amt zu nehmen, sollten wir Maß nehmen an der gläubigen Grundhaltung von Maria.

Das „Dein Wille geschehe" war die zentrale Aussage ihres Lebens. Das hat nichts damit zu tun, dass sie keine eigenen Entscheidungen treffen wollte oder im negativen, sich selbst versteckenden und wenig wertschätzenden Sinn devot war. Es hat mit Vertrauen zu tun. Dieses „Dein Wille geschehe" ist etwas, das wir im „Vaterunser" beten – wenn wir an dieser Stelle nicht schweigen. Auf diesem „Dein Wille geschehe" baut die Annahme der eigenen Natur und der Aufgaben auf, die einem gestellt werden. Genau das hat Maria auf eine geniale Weise gemacht.

Wenn wir also fragen, was es bedeutet, Frau zu sein, müssen wir meiner Ansicht nach die Muttergottes betrachten, wie sie gelebt und gewirkt hat. Dabei hilft uns kein „2.0", denn Maria ist nicht veränderbar, sie lässt sich nicht modernisieren und braucht kein „update", wie die Initiative Maria 1.0 feststellt. Man kann auch keinen Änderungsprozess erzwingen, indem man ihr einfach ein neues Attribut anhängt. Sie ist eh schon perfekt, die Königin des Himmels und der Erde. In der Geheimen Offenbarung ist Maria diejenige, die den ganzen Kosmos einnimmt: der Mond unter den Füßen, die Sonne als Kleid, die Sterne als Schmuck. Das sind nicht einfach Bilder, sondern es ist die Huldigung der gesamten erlösten Schöpfung. Auf Maria laufen alle Generationen zu. Ohne sie wäre die Erlösung der Welt nicht geschehen. Der Engel wäre in Nazaret ja nicht ein paar Häuser weitergegangen, wenn Maria sich geweigert hätte, und hätte dort schüchtern und vorsichtig herumgefragt, um nicht erfolglos in den Himmel zurückkehren zu müssen: „Magst *duuu* vielleicht …?"

Jemand anders, ohne das Privileg der Bewahrung von der Erbschuld, hätte all die Schandtaten der menschlichen Geschichte im Gepäck gehabt und damit etwas „Krankes, Unreines, Verdorbenes"[9] (Gerl-Falkovitz, 2016, S. 101). Maria war sozusagen herausgenommen aus der Schuldlinie ihrer Vorfahren. Gott unterbrach durch ihre Makellosigkeit diese Linie und begann etwas ganz Neues, Schönes, Heiliges. Mit dem großen Ja dieser Unbefleckten begann der Weg der Wiedergutmachung, Heilung, Erlösung und Freude: die Rettung der Welt.

Marias Glaube und Vertrauen, ihre Liebe waren so groß, dass sie nicht anders konnte, als zu glauben, dass ihr himmlischer Vater nur und ausschließlich Gutes im Sinn hat – auch dann, wenn sich uns das Gute nicht direkt erschließt. Wo die ersten Jünger sich stritten und zerstritten und eine Weile brauchten, bis sie gelernt und vertraut haben, war Maria ihnen meilenweit voraus. Eine Frau war es, die viel verstanden und begriffen hat. Durch diese unglaublich starke Frau kam die Rettung in die Welt.

Ich glaube, so lieben und vertrauen, wie Maria es getan hat – trotz mancher Trauer und Bitterkeit –, das kann nur, wer stark ist in Gott. Ohne dieses Vertrauen ist Glaube nicht lebbar. Wir brauchen Frauen wie Maria. Unsere Kirche braucht starke Frauen voller Weiblichkeit! Könnte Maria uns nicht helfen, die Frau zu werden, die Gott will, dass wir sind? Durch Maria finden wir die Wahrheit und die Wegweisung für unser Leben. Nicht zuletzt auch darum, weil sie in ihrem Frausein immer schon Mutter war und Jesus sie uns unterm Kreuz sogar ganz offiziell zur Mutter gegeben hat (Joh 19,25–34).

Die Pietà – die Mutter der Kirche
und aller Glaubenden

Für Maria war dieser Moment ein zweites Mutter-wer-den-Müssen unter ungeheuren Schmerzen. Bis heute kümmert sie sich um jeden Einzelnen, aber auch um die gesamte Kirche. Und so steht auch Petrus immer wieder neu unter ihrer besonderen Leitung; er lenkt die Kirche, aber sie lenkt Petrus. Die mit Gott verbundene Braut lenkt den Mann. Daher braucht Maria kein Amt, sie wirkt alle Hilfe, allen Trost, allen Aufbau des Reiches je nach Erfordernis. Sie ist der Sauerteig, der allem Wachstum gibt. Alles Spezifische würde sie eingrenzen.

Unser Unvermögen, Gott zu verstehen und sein Wirken in unserm Leben anzunehmen, ist übrigens kein Hindernis für seine Liebe und erst Recht kein Grund, Gottes Kirche zu verändern und seine Vorgaben umzuschreiben. Ich habe auch eine Liste an Fragen, die ich dem lieben Gott im Himmel einmal stellen werde. Ich sehe mich schon vor ihn treten, die Liste aufrollen und fragen: „Jetzt erklär mir doch mal …" Möglich ist natürlich auch, dass Er mir gleich nach dem Tod die Erkenntnis schenkt und sich alle Fragen erübrigen werden. „Fiat – mir geschehe nach deinem Wort", so sprach Maria zum Erzengel Gabriel. Aus unserem Vertrauen zu Gott wächst das Leben in Fülle, das Leben in seiner Erfüllung. Ich würde es spannend finden, wenn wir alle, alle Teilnehmer des Synodalen

Weges, sich die Original-Maria als Vorbild nehmen und erst einmal fragen würden: Herr, was willst Du? Erst still werden. In der Stille spricht Gott. Das trifft ja auch auf mich zu. Im Lärm des Alltags, im Lärm meiner Gedanken und Forderungen kann ich gar nicht auf Gottes Worte und Wirken hören.

Wir müssen zudem einfach auch akzeptieren, dass unser menschlicher Verstand bei himmlischen Fragen nicht immer mitkommt. Fiat, sagte die Muttergottes – und ahnte nicht, was im Detail auf sie zukam. Gott ist eben der Allmächtige. Alleine drei Minuten über diesen Satz nachzudenken, ändert die Perspektive. Wie ungerecht scheint beispielsweise auf den ersten Blick das Gleichnis vom Weinberg. Menschlich gesehen war es Unding, dass diejenigen, die viel gearbeitet haben denselben Lohn erhielten wie die, die erst kurz vor Feierabend in den Weinberg kamen. Da hätte wohl jeder ein Wörtchen mit seinem Chef reden wollen: „Hej, Chef, mal ehrlich …"

In der aktuellen kirchlichen Debatte heißt es immer wieder, es sei ungerecht und unmodern, dass die Frau nicht Priesterin werden darf in der katholischen Kirche. Warum Jesus keine Frauen berief – das weiß nur er. Ich will hier nicht nochmal in theologische Argumente des Warum und Wieso der Frauen-Priester eingehen. Ich möchte hier auf Gottes wunderbaren Plan hinweisen. „Ich habe einen Platz in Gottes Plan, auf Gottes Erde, den kein anderer hat. Ob ich reich oder arm bin, verachtet oder geehrt bei den Menschen, Gott kennt mich und ruft mich beim Namen", stellte der heilige Kardinal John Henry Newman fest. Und dieser göttliche Plan hat mit der Schöpfung von Mann und Frau begonnen. Fiat – Dein Wille geschehe. Zum Wohl für uns Menschen. Trauen wir Gott das zu?

Quelle unerschöpflicher Fruchtbarkeit

Der Schöpfungsbericht beschreibt ergreifend, wie Gott Mann und Frau dachte, erschuf und ausstattete: „Er erschuf sie nach seinem Bild und Gleichnis, als Mann und Frau", heißt es da, „schuf er sie." Also wesentlich unterschiedlich, von Anfang an aufeinander zugeordnet und vollkommen gleichwertig. Gottes Abbild sind wir Menschen. Mehr geht nicht! Gott spiegeln beide auf ihre je unterschiedliche Weise wider, als Mutter, Vater, Nonne, Mönch, Priester, um in ihrer ganz unterschiedlichen Weise das zu tun, was sie tun. Wir sind Frau oder Mann mit jeder Regung unserer Seele, im tiefsten Grund unseres Seins. Es geht nicht um Über- und Unterordnung oder eine Herrschaft des einen über den anderen, sondern um Ergänzung, die eine Quelle unerschöpflicher Fruchtbarkeit ist – nicht nur körperlich oder indem Kinder entstehen, sondern auch geistig. Leider nur ist diese Quelle in großer Gefahr zu versiegen, da in unserer Gesellschaft, und auch auf dem Synodalen Weg, diese Quelle – sorry für den Ausdruck – mit Müll zuge-schüttet wird. Diese Quelle zu erschließen, wäre aber eine lohnenswerte Aufgabe! Denn so sehr wir oft Geheimnis füreinander sind, so spannend, gehaltvoll, reich ist unsere Polarität.

Und weil die Polarität auch zu Spannungen führen kann, haben wir in der Kirche eine Waffe: das Gebet. Bisher dachte ich, es sein normal unter Christen, zu beten und dann zu diskutieren. Siehe Apostelgeschichte. Aber für mein Dafürhalten ist Gebet auf dem Synodalen Weg nicht mehr als eine Randnotiz. Dabei belegen Statistiken, dass Familien, die beten, eher zusammenbleiben als solche, die nicht beten. Und wenn ich die Kirche als große christliche Familie betrachte, sollte doch für den Synodalen Weg dasselbe gelten. Also, liebe Kollegen Synodalen: *Families that pray together, stay together.* Hier liegt einer amerikanischen Studie zufolge (Mercedes Arzu Wilson) die Scheidungsquote statt bei 50 Prozent (Zivil-Ehen) oder circa 30 Prozent (kirchlich geschlossene Ehen) bei 4,2 Prozent. Auch wenn amerikanische Zustände nicht eins zu eins auf Europa übertragen werden können, zeigt dies doch, wie groß der Unterschied zwischen betenden und nicht betenden Paaren ist.

Ich finde das so beeindruckend. Ist das nicht ein Ansporn, um an unserer Kommunikation, unserer Vergebungsfähigkeit und dem gemeinsamen Gebet zu feilen? Ich würde mich freuen, wenn es deutlich geschwisterlicher zugehen würde auf dem Synodalen Weg. Tolle Menschen habe ich dort ja schon getroffen!

Dass Mann und Frau in der Ehe scheitern können, spricht nicht gegen die Genialität dieses Geschenks: dem Menschen als Mann und Frau, der biopsychosozialen Keimzelle der Menschheit und einer genialen gegenseitigen Ergänzung, auch innerhalb der Kirche. Wir werden vielleicht ein Leben brauchen, um diese Bipolarität zu ergründen, aber sie wird uns bestimmt glücklicher machen, als dieser Geschlechterkampf es tut. Ein Rezept für ein besseres Miteinander hat uns Papst Franziskus schon gegeben: Für eine gelingende Beziehung braucht es drei Wörter: Danke, Bitte, Entschuldigung.

Weibliche Variationen

Ich wünsche mir eine Kirche, die leuchtet und sich freut über den Glauben und diesen auch in die Welt hinausposaunt. Da warten viele Suchende auf das richtig ermutigende, frohmachende, trostvolle Wort von Männern und Frauen, die ihre Identität als Mann oder Frau gefunden haben und im Alltag leben, die dadurch in sich ruhen oder, genauer gesagt, in der Beziehung zu Gott ruhen und auch anderen Menschen den Vater bezeugen können, der alle wirklich liebt. Wäre das nicht ein schönes Ziel für uns Synodalen? Wir sollten allen Menschen sagen, dass das alles kein fake ist mit dem Glauben und mit den zwei Geschlechtern.

Diese zwei Geschlechter sind spannend genug, wir müssen keine weitere suchen. Mann und Frau eröffnen einander auch einen unterschiedlichen Blick auf den Sinn des Lebens und die vielen kleinen Situationen, die dieses Leben ausmachen[10] (vgl. Boutin, 2000, S. 2). Dafür haben sie ganz unterschiedliche geschlechtsspezifische Eigenarten.

Mich interessiert hier zunächst einmal die weibliche Eigenart. Was ist weiblich? Es gibt so viele Variationen, eine Frau zu sein, wie es Frauen gibt. Wie in der Musik das Grundthema immer dasselbe bleibt, kann es dazu unendliche viele Variationen geben, also Veränderungen in Rhythmus, Harmonie, Satztechnik oder auch Melodie. So wie der Grundcharakter des Musikstücks immer der gleiche bleibt, so gibt es in gewisser Weise auch „das" Weibliche. Einige Punkte haben wir bereits betrachtet. Es gibt noch einen Aspekt des Fraulichen; ihre drei Bestimmungen, wie Edith Stein sie beschreibt.

Die erste ist die allgemeine: Was Gott in uns hineinlegt, sollen wir in der gottgewollten Ordnung zur Entfaltung bringen; also in der Unterordnung des Leibes unter die Seele und der sinnlichen Kräfte unter die geistigen. Darüber hat auch Immanuel Kant (1724–1804) nachgedacht: Wenn es keinen Gott gäbe, gäbe es für uns Menschen letztlich keinen zwingenden Grund, sich sittlich und moralisch zu verhalten.

Edith Stein zählt zu der ersten Bestimmung der Frau auch die übernatürliche Bestimmung hinzu: die Bestimmung, als Gotteskind zu leben, sodass wir „an Gottes Hand leben und so der ewigen Anschauung Gottes entgegenreifen"[11] (Stein, 2015, S. 48).

Die zweite Bestimmung ist die individuelle, die Frau mit ihren ihr eigenen Fähigkeiten, die ihr ihren Platz in der Gesellschaft weisen und den Beruf vorzeichnen. Nach dem Motto: „In jedem steckt ein Bild dessen, der er werden soll, und wenn er das nicht wird, ist nicht sein Leben voll", wie es Angelus Silesius gesagt hat, ein Lyriker, Theologe und Arzt.

Die dritte Bestimmung ist die spezifische. Ich lebe als Mann oder Frau. Die Bestimmung der Frau sei es, „an eines anderen Menschen Seite zu gehen in liebender Teilnahme an seinem Leben, in Treue und Dienstbereitschaft, das ist weibliche Art"[12] (Stein, 2015, S. 49).

Wenn man sich hier an dem Wort „Dienstbereitschaft" stößt, so sollte man nicht vergessen, dass der Kern des priesterlichen Dienstes, den Frauen immer wieder fordern, auch Dienst bedeutet; es ist die Nachfolge Jesu bis in die letzte Konsequenz: die Bereitschaft für andere, für die Kirche zu sterben. Dienst meint nicht, dass Frauen eine Putzfrau des Mannes sein sollen und ihm zu dienen haben wie eine Sklavin, sondern sie sind laut dem Schöpfungsbericht eine Gehilfin für den Mann. Und zwar in dem Sinn, dass er sein Mannsein überhaupt erfüllt leben kann. Oder anders ausgedrückt: Ohne uns können die Männer gar nicht

leben [13]* (Johannes Paul II., 1995, Abs. 8). Es gibt Ehe-
paare, die eine Gemeinschaft leiten, die berichten, wie
oft die Frau etwas erkennt und die Lösung ausspricht,
auf die der Mann nie gekommen wäre. Der ist es dann
aber, der handelt und ausführt, was die Frau gesagt hat
– wie bei Maria und Jesus bei der Hochzeit zu Kana.
Idealerweise entspringt so ein Denken, Erkennen und
Handeln aus dem hörenden und prüfenden Gebet
und gemäß einer reifen Unterscheidung.

Kommen wir zurück zur dritten Bestimmung der
Frau. Edith Stein fügt dem Frausein noch Eigenschaften wie Empathie, Anpassungsfähigkeit und Anpas-
sungswilligkeit hinzu sowie die Bestimmung, sich
fortzupflanzen – ich höre schon die Gender-Frauen
protestieren: anpassen: igitt! Aber ist unsere Anpassungsfähigkeit nicht genial? Wenn wir das nicht könnten, würden wir die kurzen Nächte mit unseren Babys nicht so lange aushalten. Wir könnten fünf Bälle
gleichzeitig in der Luft jonglieren, ohne zusammenzu-
klappen. Das gilt auch für geistige Mütter.

---

* „Gott schuf also den Menschen als sein Abbild; als Abbild Gottes schuf er
ihn. Als Mann und Frau schuf er sie" (Gen 1,27). „Den er aus Liebe ins
Dasein gerufen hat, berief er gleichzeitig zur Liebe. Eva wurde dem Adam
als Hilfe gegeben, eine Hilfe, die ihm entspricht. Der Erschaffung der Frau
ist also von Anfang an das Prinzip der Hilfe zugeordnet, nicht, man be-
achte – einseitige Hilfe, sondern gegenseitige. Die Frau ist die Ergänzung
des Mannes, wie der Mann die Ergänzung der Frau ist. Wenn die Genesis
von ,Hilfe' spricht, bezieht sie sich nicht nur auf den Bereich des Tuns,
sondern auch auf den des Seins. Weiblichkeit und Männlichkeit ergänzen
einander nicht nur unter physischem und psychischem, sondern unter
ontologischem Gesichtspunkt. Nur dank der Dualität von ,männlich' und
,weiblich' verwirklicht sich das ,Menschliche'" voll."

Edith Stein erklärt, dass es egal ist, welche Aufgabe wir ausführen, ob eine Frau Erzieherin oder Mathematikerin ist, sei nicht entscheidend. Wichtig sei nur, dass die Frau ihre Weiblichkeit in die Welt hineinträgt, also ganz Frau bleibt. „Das Eindringen der Frauen in die mannigfaltigen Berufszweige" könnte „zum Segen für das gesamte soziale Leben … werden, gerade wenn das weibliche Ethos gewahrt würde", sagte sie.

Dieses Ethos hat Maria gewahrt. Maria hatte einen guten Draht nach oben. Sie hat immer getan, was Gott von ihr wollte, aber nicht als devotes Mädchen, sondern als ewige Tochter des himmlischen Vaters. So schlecht kann dieser göttliche Wille nicht sein, wenn wir unter anderem bedenken, dass kein Mensch, kein Mann und Priester, jemals eine größere heilsgeschichtliche Bedeutung erlangt hat als Maria. Wenn man außerdem all die glücklichen Heiligen anschaut, die wie der heilige Laurentius vom Grillrost herunterrief: „Auf einer Seite bin ich schon gar. Ihr könnt mich jetzt umdrehen …" müssen dieser Glaube und diese Hingabe an Jesus eine ungeheure Kraft in sich bergen.

Das ist ein echtes Geheimnis: Wie kann man auf dem Grillrost noch fröhlich Späße machen? Man kann offensichtlich. Oder wie ist es möglich, dass Maria keinen Nervenzusammenbruch bekommen hat, als sie die Qual ihres Sohnes und dessen grausamen Tod miterleben musste? „Für Gott ist nichts unmöglich", antwortete auch der Erzengel Gabriel bei der Verkündigung auf Marias Frage, wie das denn geschehen soll mit dem Baby im Bauch – ohne Mann. Das hat Maria geglaubt. Ihr Fiat ist etwas Ungeheuerliches: Wir hätten den Engel wahrscheinlich noch gebeten, uns zu sagen, was genau das bedeuten würde und was auf uns zukäme und hätten Bedenkzeit erbeten; er solle bitte morgen wiederkommen.

Maria dagegen sagt voll Vertrauen – ohne die Zukunft zu kennen– einfach Ja. Für sie war es das Selbstverständlichste der Welt. Wie gewaltig das ist! Sie kreiste nicht um sich oder schaute, was bei den Menschen gerade angesagt war, sondern war grundsätzlich offen, auch für Unerwartetes und Unverständliches, denn vieles bei Gott ist für unseren Verstand eine Herausforderung.[14] Ohne dieses Vertrauen, das Ja als Antwort auf die bedingungslose Liebe Gottes zu uns, sind Kirche und Glaube nicht lebbar.

Typisch Frau!

In diesem marianischen Geist, voller Vertrauen und Liebe zu Christus, wie Maria immer in Seiner Nähe, voll Feuer und missionarischem Eifer, haben viele Frauen in der Geschichte Gott gedient – biblische Frauengestalten wie Ruth oder die Muttergottes, aber auch große, heilige Frauen wie die große Katharina von Siena, Hildegard von Bingen, Edith Stein, Clara, die Gefährtin des hl. Franziskus, Theresa von Ávila, die kleine Therese vom Kinde Jesu, die heilige Mutter Teresa von Kalkutta und eine endlose Schar anderer. Diese Frauen haben gelehrt, Klöster gegründet, Arme und Hungrige versorgt, Frieden gestiftet, Päpste, Könige und ganze Klöster beraten und vieles andere mehr. Immer wieder haben sie ihr Leben aufs Spiel gesetzt. Sie haben aus dem Vertrauen auf Gott heraus gelebt, sie haben nicht die Lebensformen der Welt in die Kirche getragen, sondern Gott zu den Menschen. Sie taten es nicht um der Aufgaben willen, sondern um Menschen mit Christus bekannt zu machen.

In der Bibel lesen wir von Priszilla, die mit ihrem Mann Aquila Apollos unterrichtete; sie, eine Frau, unterrichtete einen redegewandten und klugen Prediger, legte ihm „den Weg Gottes genauer" aus (Apg 18,26). Aquila und Priszilla waren ein Team. Sie ergänzten sich, da ging es nicht um Herrschaft des einen über den anderen.

Priszilla hat – wie viele andere große Frauen – mit ganzem Herzen für Christus und seine Botschaft gearbeitet. Diese Frauen haben ihre Talente, ihr Hab und Gut, sogar ihr Leben für Gottes Reich eingesetzt. Sie dienten ihm mit Tätigkeiten, die nicht weniger verantwortungsvoll, anspruchsvoll und schön sind als das geweihte Amt. Diese Frauen übten das allgemeine Priestertum auf vorbildliche Art und Weise aus, weil sie von Christus durchdrungen waren.

Als Teil des allgemeinen Priestertums habe ich als Frau genauso Anteil am Reich Gottes wie der Mann als Priester. Wir alle dürfen „durchlässig" und damit aufnahmebereit werden für Christus – wie Maria es war. Frauen können mit ihren zahlreichen und genialen Talenten und mit ihrem Frau-Sein so viel tun im und für das Reich Gottes. Das Terrain ist gewaltig groß und bietet unendlich viele Möglichkeiten. Statt das Land zu bewirtschaften und zum Blühen zu bringen, lassen wir es brach liegen, wenn wir uns ständig auf das Weihe-Amt eines geweihten Priesters fokussieren. Es gibt unendlich viel zu tun für Frauen, um das Reich Gottes unter den Menschen zu verbreiten. Darum geht es doch in unserem Glauben. Das ist der Auftrag Jesu an uns! Nicht egoistische Selbstverwirklichung, sondern im Fiat seines Stifterwillens der Kirche inklusive Rollenverteilung für Geweihte und Laien seinen Willen tun: Geht hinaus in die ganze Welt und verkündet das Evangelium allen Geschöpfen! Wir brauchen uns dazu nicht der Priesterweihe zu bemächtigen. Es reicht, wenn wir uns bemühen, den Willen Gottes zu erkennen und zu tun. Das Potenzial der Frauen als das weibliche Abbild Gottes ist noch lange nicht ausgeschöpft!

Wenn die Frau dann den Messias erkannt hat, kann sie nicht anders, als anderen davon zu erzählen, ganz so, wie es die samaritische Frau am Brunnen getan hat. Jeder andere Jude hätte die Nase gerümpft, vermutlich haben seine Jünger das auch richtig übel gefunden, Jesus aber geht zu ihr hin und spricht mit ihr. Nicht ohne Hintergedanken: Er will ihr das ewige Wasser geben; was so viel heißt, dass er mit ihr eine innige Beziehung eingehen möchte von Gott zu Frau. Die Frau öffnet ihr Herz, erkennt Jesus als den Messias und rennt zu ihrer Sippe, damit alle anderen ihn auch kennenlernen können. Das Wasser, das in ihr zur Quelle ewigen Lebens geworden ist, wird nun in ihr lebendig und dann auch bei denen, die es von ihr empfangen. Das ist die weibliche Berufung. Was wir aber in den Anliegen des Synodalen Weges sehen, steht dem diametral entgegen: Da steht häufig nicht Jesus im Mittelpunkt, sondern Eigeninteressen, da geht es darum, die Kirche der Welt anzugleichen und die Frauen den Männern.

Hat mich eigentlich jemals jemand gefragt, ob ich überhaupt werden möchte wie der Mann? Ich bin ganz zufrieden mit meinem Frausein, bin sogar mächtig stolz drauf. Ich liebe es, Mutter zu sein, und ich finde es sehr störend und ungemütlich, wenn ich meine Familie manchmal unnötig hintanstellen muss. Beispielsweise, wenn ich mich für eine Versammlung des Synodalen Weges durch lange Texte quälen muss, von denen es am Ende lapidar heißt: Der sei nicht so wichtig gewesen.

Das sagte Dorothea Sattler, nachdem ein Bischof theologisches Niveau und Vorgehen im Forum zum Thema „Frauen und Ämter" kritisiert hat. Wer keine Kinder hat, den juckt das vielleicht nicht so sehr, aber ich muss Aufsicht für die Kinder organisieren, ich muss die Arbeitstexte lesen, Kinder trösten, Essen kochen, mit Kindern spielen, ihre Geschichten und Sorgen anhören und zerschlagene Knie verarzten zugleich. Damit ich zu den Synodalversammlungen fahren kann, muss sich mein Mann freinehmen oder ich muss einen Salto Mortale an Organisation betreiben.

Nachdem ich also alles irgendwie gemanaged hatte und mich gerade vom langen Text erlöst zurücklehnen wollte, las ich in der Presse, dieser Text sei nicht so wichtig. Ich habe es bei der Regionalversammlung dann auch gesagt; einfach aufgezählt, was es für mich bedeutet.

Was ich aus dieser Situation gelernt habe: Meine Arbeit als Mutter und Frau ist nicht weniger verantwortungsvoll und wichtig als die eines Priesters. Er kann seine Prioritäten oftmals sogar eigenmächtig sortieren, bei mir tun das die Kinder für mich – irgendwie –, so wie das Leben eben gerade spielt. Wer meint, besondere Würde oder Verantwortung durchs Priesteramt zu bekommen, der irrt: Gott hat mit jedem Menschen einen genialen Plan der Liebe. Er hat uns die Würde in die Seele geschrieben, die nimmt uns nichts und niemand. Die wird auch nicht durch Ämter größer oder schwindet, wenn wir nur eine kleine Aufgabe anvertraut bekommen. Davon bin ich überzeugt. Jeder der Synodalen, ob Mann, Frau, Laie oder Priester, ob traurig oder glücklich – ist von Gott unendlich geschätzt und geliebt.

Kultureller Marxismus

Jedenfalls geht es bei der Frage um die Weihe nicht um Gleichberechtigung, sondern eher um einen Gleichheits- und Geschlechterkampf nach marxistischem Prinzip. Dabei werden die Fragen nach Gleichheit-Gleichstellung-Gleichberechtigung oft miteinander verwechselt. Zu meinen, ungerecht sei, wenn nicht alle das Gleiche tun, greift viel zu kurz. Oft muss man Ungleiches ungleich behandeln, um gerecht zu handeln. Stellen Sie sich vor, Schwangere oder stillende Mütter würde man arbeitsrechtlich behandeln wie die Männer. Das wäre nicht gerecht. Frauen leisten volkswirtschaftlich gesehen einen genauso wichtigen, wenn auch ganz anderen Beitrag für die Renten der Zukunft. Wenn ich einem Kind, das in finanzieller Not ist, genauso viel Geld gebe, wie dem Kind, das keine Not hat, ist das nicht gerecht.

Dr. Jordan B. Peterson, ein klinischer Psychologe und Professor für Psychologie an der Universität von Toronto, sieht in dieser emanzipatorischen Gleichstellungspolitik eine Form von Identitätspolitik, „durch die die postmoderne Linke das Fundament der westlichen Zivilisation untergraben will. Durch ihren kulturellen Marxismus droht gar ein neuer Totalitarismus."[15]

Totalitarismus steht ganz im Gegensatz zu allem, was ich als theologischer Laie über die Schöpfungsordnung verstanden habe; von Mann und Frau, die einander in Treue zugeordnet sind. Der katholische Frauenbund Deutschlands, der BDKJ und viele andere verlangen, dass die Kirche jegliche Lebensform anerkennt. Hauptsache bunt und vielfältig. Ich habe nichts gegen Vielfalt, die ist ganz wunderbar. Sie hat etwas von einem bunten, trubeligen, quirligen Markt. Total spannend! Aber Kirche kann sich nicht jeder Vielfalt ausliefern. Dann kommt es schnell zu einer Beliebigkeit mit fünf Personen und sechs Meinungen. Dann bricht das Chaos aus, totale Verwirrung.

Wenn ich darüber nachsinne, was Dr. Peterson sagt, dann frage ich mich, ob es nicht nur Einzelschicksale und Verletzungen sind, die den Forderungen nach Weiheämtern und mehr Demokratie in der Kirche zugrunde liegen, sondern vielmehr eine politische Forderung. Und auch: Könnte es sein, dass wir Schwierigkeiten damit haben, den Schöpfungswillen Gottes in Ehe und Familie zu erkennen?

Gott und seine Braut

Dann macht die Ehelosigkeit wirklich keinen Sinn. Was soll denn eine unverheiratete Frau mit ihrem Leben anfangen, wenn sie nicht wechselnde Beziehungen haben sollte? Wir müssen bei uns bleiben, wir selber sein. Sagt Edith Stein. Also ganz Frau. Dafür müssen wir uns, so sagt sie, an Gott halten, uns von seiner Liebe formen lassen. Die Liebe ist für sie das Formprinzip der Seele. Nicht, dass der Mann nicht geformt wird, aber die Frau ist zu einer besonderen Innigkeit mit Gott berufen, wie wir es eben schon bei der Samariterin am Brunnen gesehen haben.

Dieses Formprinzip erhält laut Edith Stein die Seele durch eine innige Beziehung mit dem Herrn und einem eucharistischen und liturgischen Leben, wie Maria es gelebt hat. Dabei ist egal, ob jemand Ordensfrau ist oder in der Welt lebt. Und natürlich gilt das auch für Männer. Aber für die Frau ist da noch etwas Besonderes. Nach Edith Stein misst Gott der Frau einen bedeutenden Wert bei, weil er sie nicht loslassen und an ein Amt koppeln möchte, wie den Mann, der Jesus als Priester gewissermaßen verkörpern kann. Er lässt seine Braut erst gar nicht los. Das ist laut Edith Stein die Sendung der Frau! Dieses Ganz-nah-beim-Herrn-Sein, so wie Maria Gott in ihrem Leib trug. Also nicht weniger als das Priesteramt, sondern anders; die Frau ist gerufen zu einer besonderen Art der innigen Beziehung mit dem Herrn! Was für ein Geheimnis.

Aber weil wir uns immer mehr vom Herrn entfernen, erleben wir in Gesellschaft und Kirche einen erbitterten Kampf der Geschlechter. Kampf statt Ergänzung. Kein Wunder, dass der Synodale Weg so ungemütlich ist. Da braucht es einen dicken Panzer. Oder gleich besser die ganze Waffenrüstung Gottes.

Schauen wir nochmal auf Maria. Man könnte ja meinen, sie sei das Gegenteil von taff gewesen. Sie hat, wie böse Zungen gern schreiben, zu allem, was Jesus von ihr wollte, „Ja und Amen" gesagt, alles hingenommen, was auch immer passiert ist, und sei es, dass sie – von ihrem Mann Josef aufgefordert – nachts aus dem Bett springen und ungewaschen nach Ägypten fliehen musste. Da hätten wir doch erstmal gefragt: Schatz, bist du sicher, dass Du nicht einfach schlecht geträumt hast? War sie nun devot, passiv, eine Ja-Sagerin? Von ihrem 12-jährigen Sohn hat sie sich sogar korrigieren lassen. Völlig aufgelöst und in Angst, sie hätten Jesus verloren, finden sie ihn nach drei Tagen (!) Suche im Tempel wieder. Und Jesus, völlig tiefenentspannt, sagt scheinbar frech: „Warum habt ihr mich gesucht? Wusstet ihr nicht, dass ich in dem sein muss, was meines Vaters ist"? (Lk 2,49).

Völlig unverständlich für menschliche Ohren. Aber da sieht man eben, dass bei Gott andere Maßstäbe gelten, und die hat Maria im Vertrauen angenommen; nicht, weil sie devot und passiv war, sondern weil sie ein hörendes Herz und Gott, der das Ziel ihres und unseres Lebens ist, immer im Blick hatte. Sie hat geliebt und vertraut. Sicher hatte auch sie Fragen, hat gesucht, gerungen und gelitten. Wie wir kannte sie Freude, Trauer und Bitterkeit. Aber sie hat in allem Gott vertraut, vertraut, dass Gott nur das Beste will, auch wenn wir es nicht verstehen. Und in diesem Vertrauen hat sie alles Widrige angenommen. Das kann nur, wer stark ist in Gott. Und solche starken Frauen braucht unser Land, braucht unsere Kirche!

Wenn wir also wollen, dass Menschen wieder zur Kirche zurückfinden, brauchen wir nur Maria mit uns mitzunehmen. Sie ist der Tabernakel, der uns Jesus zur Anbetung aufbewahrt. Wenn wir Maria annehmen als unsere Mutter, dann tragen wir mit ihr den Tabernakel in die Welt und der wird als lebendige Mitte der Kirche zum Zufluchtsort für Viele.

Wenn wir als katholische Kirche von Christusrepräsentanz sprechen, können wir nicht anders, als auch Maria in den Blick zu nehmen, die Christus kannte wie kein anderer, die Jesus der Welt gezeigt und Menschen auf großartige Weise zu ihm geführt hat, wie nur sie es kann. Maria ist die Urgestalt der Kirche, wie sie schon der heilige Ambrosius genannt hat. Der heilige Johannes Paul II. spricht vom „doppelten Band", durch das Maria sowohl mit Christus als auch mit der Kirche verbunden ist[16]. Maria ist die Antwort des Menschen auf das Angesprochensein von Gott. Sie tut, wofür er sie bestimmt hat – und das mit einem großen Vertrauen in seine Liebe. Anders hätte sie das Ja nicht so großherzig sprechen können.

Maria hat nicht nur damals Menschen geholfen in allen möglichen Belangen und Problemen, sie tut es auch heute und will uns helfen, unsere Bestimmung zu finden. Sie hat damals schon Menschen zu Jesus geführt, ihnen seine Lehre erklärt, sie hat sich um Kranke und Betrübte gekümmert. Das Wunder bei der Hochzeit zu Kana war ihre Initiative! Was zeigt, wie aufmerksam sie war. Sie hat sich nicht von unwesentlichen Dingen ablenken lassen, sie war ganz durchlässig für Gottes Wirken. Sie hat gespürt, wo und wann Menschen ihre Hilfe, Fürsorge und Fürsprache nötig hatten. Sie war und ist wie ein Spiegel Gottes, ein Ort der Erfahrung Gottes und seiner Güte in der Welt.[17] Sie war durch und durch weiblich und ist es bis heute.

Im Amazonasdokument betonte der Papst, wie wichtig die Muttergottes, aber auch generell die Frau für die Evangelisierung ist. Darum fordert er, dass Frauen mehr Zugang zu kirchlichen Diensten erhalten, mehr mitentscheiden dürfen; nur eben außerhalb des Weiheamtes. Und dadurch mit großen Freiheiten: von Mutter bis geweihter Frau, von in Gesellschaft engagierter bis in Kirche aktiver Frau. Denn Frauen haben ein Potenzial, das gesehen und beachtet werden will – vor allem, wenn sie Jesus im Herzen tragen. Es braucht kein Amt, um die großartige Bedeutung der Frauen und vor allem Marias klarzustellen; es braucht nur ein Erkennen und Leben dieser Wahrheit!

Und dann lautet die eigentliche Frage nicht: Wie können Frauen Männern ähnlicher werden, sondern wie können Priester marianisch-weiblicher werden?

KAPITEL 6

KANN DENN LIEBE SÜNDE SEIN?

Sexualität ist mit das beherrschende Thema in der katholischen Kirche und auf dem Synodalen Weg – egal, um welche Konstellation von Paaren es geht. Ein Synodaler monierte, das müsse auch sein, denn zu lange sei Sex Tabuthema in der Kirche gewesen. Der etwas untersetzte Mann war schon vom Mikro weg, da stellte er sich vor eine Frau und sagte mit ausladenden Gesten: „Sie sind Frau, ich bin Mann." Zwischen Mann und Frau gebe es nun einmal diese Anziehung.

Stimmt, aber muss die Kirche deswegen zügellosen Sex absegnen? Dass es tabuisiert war, über Sex zu sprechen – eine Kritik, die auf dem Synodalen Weg öfter angeklungen ist –, ist Jahrzehnte her! Das war zu Zeiten meiner Großeltern, dass man beim Thema Sex betreten und hochrot angelaufen auf den Boden schielte. Ich habe solche Reaktionen nie erlebt. Glaubt wirklich irgendein Mensch unserer Zeit, Katholiken führen in die Flitterwochen, nur um sich mit gebührendem Abstand und Händchen haltend dem Sonnenuntergang hinzugeben?

Wahr ist: Die Kirche will die Sexualität einfach nur in ihrer ganzen Größe, Schönheit und Würde bewahren und an den Mann bringen. Und die Frau – pardon. Sexualfeindlich ist die Kirche überhaupt nicht. Wie sagte es noch der Münchner Pfarrer Bodo Windolf: „Sexualfeindlichkeit ist der Bibel vollkommen fremd. Nein, die jungfräuliche Empfängnis Jesu hat – um es ein wenig salopp auszudrücken – etwas damit zu tun, dass Josef und überhaupt jeder Mann nicht potent genug ist, den Sohn Gottes zu zeugen."

Wie wär's mit „Sorry"?

Ein Mann traf ins Schwarze, als er bei der Diskussion über Sexualität während des synodalen Regionaltreffens in München im Herbst 2020 den Anfang machte – und damit dem weiteren Gesprächsverlauf einen Stempel aufdrückte: „Ich bin katholisch und ich bin schwul." Seit fast acht Jahren lebe er glücklich mit einem Partner. Und für alle, die es ganz genau wissen wollten: „Wir haben Sex." Der Mann schaut durch seine Brille zu Boden, hebt den Blick und spricht mit leiser Stimme selbstbewusste Worte. Man müsse ihn bedauern, „schauen Sie mich an", sagt er mit Verweis auf den Katechismus der Katholischen Kirche, in dem es heißt, Sex gehöre nur in die Ehe zwischen Mann und Frau, und fährt mit seinen Händen von Kopf bis zur Hüfte. Ja, alle schauen ihn an. Still hören alle zu, als er sagt, er sei ein Sünder. Laut der Lehre der Kirche, wie sie im Katechismus stehe, lebe er in schwerer Sünde. Dabei sei er nur Teil von Gottes Schöpfung.

Dann holt er zur Kritik aus: Die Lehre der katholischen Kirche, mache „uns zu gebrochenen Menschen. Aber das lassen wir, das lässt auch Gott nicht mehr mit sich machen." Der Blondschopf zittert, redet aber weiter. Nicht Menschen wie er lebten sündhaft, sondern die Kirche sei sündhaft, so wie sie Menschen wie ihn behandele.

Auf sein hoch emotionales Zeugnis über sein Leben mit Partner und seinen Forderungen nach einer Anpassung der Sexuallehre an gleichgeschlechtliche Partnerschaften, mit dem er auch öffentlich in den Medien stand, folgt langes tiefes Schweigen; nein, erst kommt der Applaus wie das Amen in der Kirche. Dann die Stille. Nichts regt sich in dem Kellersaal eines Münchner Hotels, der vor Spiegeln und Kronleuchtern nur so glitzert. Nur die Belüftung brummt. Was soll und darf man jetzt überhaupt noch sagen zum Thema Sexualität und Kirche? Natürlich hat die Kirche Fehler gemacht und muss sich dieser bewusst sein. Auch sie hat sich in der Geschichte an Ausgrenzung und Diffamierung beteiligt. Und so ergreift Kardinal Marx die Initiative und schafft eine Brücke, indem er sagt: „Vielleicht sollten wir anfangen damit, ‚sorry!' zu sagen."

Bravo, Herr Kardinal! Ich war dankbar. Gut gemacht, denke ich mir. Die Kirche hat Fehler gemacht. Sie hat auch ihre Fehler erkannt, hat dazugelernt und ist dabei, umzukehren, zu lernen, Menschen mit gleichgeschlechtlichen oder anderen sexuellen Orientierungen wohlwollend zu begegnen und sie im vollen menschlichen Sinn anzunehmen. Das heißt aber nicht, dass sie zugleich beginnen darf, sich selbst neu zu definieren und die ihr überlieferte Wahrheit umzuschreiben. Das darf und durfte sie zu keinen Zeiten. Kirche ist gebunden an Offenbarung, Tradition und das Vermächtnis Jesu. Was die Kirche lernen darf und immer wieder aufs Neue lernen muss, ist mehr zu lieben. In diesem Zusammenhang fand ich es schön zu hören, dass Bischof Oster Menschen wie dem oben genannten Synodal-Teilnehmer hilft, einen Platz in der katholischen Kirche zu finden. Das ist eine wunderbare Geste der Liebe und Annahme.

Empfand nun dieser Synodale aus der Schwulenszene die Kirche abweisend oder begegnete sie ihm als Lebensherausforderung, der er sich nicht stellen wollte? Ist Abweisung das richtige Wort, wenn sich Kirche nicht den Forderungen der Menschen beugen kann? Wie dem auch sei. Ich wünsche mir beides. Eine Kirche, die den Menschen mit offenen Armen begegnet, und eine Kirche, die wir Menschen immer und überall als Herausforderung erleben. Mir zeigt der Redebeitrag, wie sehr wir alle als Kirche Kommunikation neu lernen und einüben müssen. Wenn wir wollen, dass die Menschen die Frohe Botschaft verstehen, nämlich dass Gott die Liebe ist und dass Gott jedem Menschen ein Leben in Fülle schenken will, wenn wir das bekennen und verkünden wollen, dann müssen wir darum ringen, jedem Menschen entgegenzugehen und ihm mit den richtigen Worten zu begegnen. Das ist die Aufgabe. Ihr auszuweichen und eine weich gewaschene Version SEINER Offenbarung vorzutragen, das wäre freilich betrügerisch und keineswegs menschenfreundlich.

Ich kann den Redebeitrag gut verstehen und durchaus auch auf meinen Alltag übertragen. Gottes Herausforderungen betreffen jeden, eben nicht nur gleichgeschlechtlich Empfindende. Ich denke an die verheiratete Frau, die sich plötzlich zu einem anderen Mann hingezogen fühlt. An den Mann, der eine Alkoholikerin zur Frau hat, die sich nicht mehr um die Kinder kümmert und ihn zurückweist. Oder an den Lehrer, der eine Kollegin als Feind erlebt und sich verzweifelt fragt, wie er die nur lieben kann. Der junge Mann aus unserer synodalen Runde befindet sich in allerbester Gesellschaft. Ganz normal. Herausforderungen bedeuten für Christen, sich diesen ernsthaft und im Sinn und Geist Jesu Christi zu stellen. Scheitern an den Geboten Gottes und sich wieder neu orientieren: Darum geht es. Beichten, Umkehren. Dass das nicht einfach ist, steht auf einem anderen Blatt …

Und es wird wohl immer so bleiben, dass wir Menschen sündigen, beichten, umkehren, von vorn beginnen, Schuld erkennen, den Weg, die Wahrheit und das Leben immer wieder suchen und neu einschlagen müssen. Wer wollte hier den ersten Stein werfen? All

das kann freilich niemals begründen, die Kompassna-
del Gottes umzubiegen.

Die Lehre der Kirche ist keine Erfindung

Im Fall dieses Mannes mag man denken: Klar, er liebt
ja seinen Partner, er will treu sein, sich ihm hingeben.
Das klingt wirklich sehr schön. Und wer bin ich, dass
ich dem jungen Mann sage: Hallo, Du lebst in Sünde. Warum gibt es dann keine Segnungen gleichgeschlechtlicher Partnerschaften? Warum sagt die Kirche, Sex zwischen gleichgeschlechtlichen Partnern sei
nicht in Ordnung? Die Antwort der Kirche ist so einfach wie herausfordernd zugleich: Weil Gott Mann
und Frau als sich personal und körperlich ergänzende
Wesen erschaffen und ihnen dadurch ermöglicht und
sogar aufgetragen hat, sich zu vermehren, bei Seinem
Schöpfungswerk mitzumachen. Der erste Sex steht in
der Bibel sogar gleich am Anfang: Mann und Frau, die
Gott füreinander geschaffen hatte, „erkannten einander". Sex hatte also schon von Anfang an mehrere Dimensionen: die der Liebe, Treue, Freude und Fruchtbarkeit.

Gott selbst lebte uns in der Person Christi vor, wie
er seine Schöpfung gemeint hat. Dieses Leben Christi
ist die Quelle, aus der die Kirche schöpft, was sie den
Menschen weitergibt. Sex schenkt den Menschen Erfüllung, wenn Menschen sich Menschen gegenseitig

voll und ganz verschenken. Ein Fleisch werden, sagt die Bibel dazu. Damit meint sie nicht die unverbindliche Affaire und auch nicht die Lust, die Männer aneinander finden mögen. Sie meint Männer und Frauen, die sich füreinander entscheiden, ohne Grenzen, ohne Vorbehalte, lebendig, fruchtbar, exklusiv und mit allen Risiken.

Alle anderen Formen machen auch Spaß. Am Wesentlichen aber gehen sie vorbei. Das ist die Lehre der Kirche. Die Kirche erfindet das nicht. Wie schon geschrieben. Sie schöpft ihre Verkündigung aus der Offenbarung Gottes und das ist die Person Jesus Christus. Die Kirche lebt von Vorgaben, die sie sich selbst nicht gegeben hat. Wer will das besser wissen? Wer will Gott vorschreiben, wie die Welt zu sein hat? Wer will Gott korrigieren? So eindrucksvoll das Statement des Mannes in der Synodalversammlung war, so schön es ist, wenn er aus ganzem Herzen lieben und sich hingeben will, so wenig kann solch ein Statement als Blaupause der neuen Sexualmoral der Kirche in Deutschland dienen. Die Blaupause der Kirche kann nur Christus sein.

Die Kirche muss freilich lernen, Jesus Christus mit Liebe und ohne Zeigefinger zu verkünden. Das macht einen gewaltigen Unterschied! Ich kann mir vorstellen, dass Menschen wie dieser Synodalkollege oft zu hören bekommen: Ist eben Sünde, darf man nicht. Das ist weder freundlich noch taktvoll. Es ist platt und von oben herab. Suchen wir also miteinander Wege, allen die Türen zu Christus zu öffnen, Worte, die die Herzen für Christus öffnen und Zeichen, die die Liebe Gottes in dieser Welt sichtbar machen.

Ich habe mich schon während der Synodalversammlung gefragt, ob und wie ich das alles in dieser Runde vortrage. Es schien mir unmöglich. Mir fehlte die Hoffnung, mit diesen Worten die Schwestern und Brüder im Glauben erreichen zu können. Zu dieser Art von Austausch taugt die Veranstaltung einfach nicht. Dazu lebt sie zu sehr von Zeigefingern, Tabus und Gestrigkeiten. Um noch einmal auf die Bibel zu verweisen: Niemand gießt vernünftigerweise neuen Wein in alte Schläuche.

Sahnehäubchen der Sexualität

Bisher lehrt die katholische Kirche, dass Sexualität zwei Sinngehalte hat: die Liebe zwischen Mann und Frau und die Fruchtbarkeit. Alles andere kommt on top, ist Sahnehäubchen. Nun wollen die Synodalen aber die Lehre umdeuten und mit polyvalenten Sinngehalten überschreiben. In dem Arbeitstext des Forums „Leben in gelingenden Beziehungen – Liebe leben in Sexualität und Partnerschaft" heißt es: „Vielfältige lebenspraktische Erfahrungen zeigen ebenso wie humanwissenschaftliche und sexualmedizinische Erkenntnisse, dass jede dieser Dimensionen sich entfalten will und als sinnstiftend erfahren werden kann. Es gilt, sie in das Gesamte des eigenen Sexualverhaltens zu integrieren und verantwortlich und liebevoll zum Ausdruck zu bringen. Eine Vorrangstellung kommt allein der gegenseitigen Liebe und Achtung zu. Die Offenheit für die Weitergabe des Lebens ist nicht für jeden einzelnen Akt maßgeblich, sondern im Gesamtverlauf einer verbindlich eingegangenen und auf Dauer angelegten Partnerschaft zu bejahen."

Darüber kann man nun nachdenken. Liebe und Achtung sind etwas sehr Besonderes, sind sehr wichtig, eine Voraussetzung für eine Beziehung überhaupt.

In der kirchlichen Lehre steht nun neben einer liebevollen Beziehung die Offenheit für das Leben zentral, auch wenn Sexualität weitere Dimensionen wie Lusterfahrung oder Identitätsstiftung hat. Den Humanwissenschaften zufolge steht jede Dimension für sich und ist deswegen allein in sich wertvoll, auch wenn man die Lebensweitergabe ausschließt. Die Kirche hat noch einen anderen Anspruch. Der Glaube sagt uns, dass alle Dimensionen nicht voneinander isoliert gelebt werden sollen. Viele spüren das intuitiv. Ein Mensch, der im Glauben gereift ist, will alle Dimensionen integrieren, sagte Bischof Stefan Oster einmal. Der Unterschied zwischen dem katholischen Glauben und den Humanwissenschaften sei genau dieses Menschenbild eines erlösten oder reifen Menschseins.

Dem Thema „Sexualität" hat der BDKJ einen Abend in seiner Online-Veranstaltungsreihe „Digital Synodal" gewidmet. Die Leiter des Synodalforums zu Sexualität, Birgit Mock, familienpolitische Sprecherin des ZdK, und Helmut Dieser, Bischof von Aachen, dachten, die Mehrzahl der Zuhörer würde es begrüßen, wenn die Kirche den Weg frei macht für die freie Liebe. Sie hatten sich getäuscht. Bischof Diesers Stirn umwölkte sich. Ärgerfalten gruben sich tief zwischen die Augenbrauen. Birgit Mocks Dauerlächeln verschwand hingegen nur kurzzeitig aus dem Gesicht. Die jugendlichen Teilnehmer konnten sich nicht für die zügelfreie Beliebigkeit erwärmen. Sie wünschten sich etwas anderes. Ein Teilnehmer postete in den Chat ganz nüchtern die Frage: „Und was, wenn wir einfach wieder das tun, was Jesus gesagt hat?"

Na, dann wäre der Synodale Weg ja vorbei! Und das Träumen von einer Kirche, die segnend die diversen Partymeilen abschreitet, geriete zu nüchternem Erwachen.

Die neue Sexualirrlehre soll also polyvalent daherkommen, allen Spaß machen, soll mehr oder weniger gleichwertig sein. Aber: Viele junge Katholiken wollten sich nicht so recht begeistern für fruchtlos, ausgetrockneten Sex. So richtig erfüllend fanden sie die Aussicht nicht. Mit solchen Fragen beschäftigt sich der Synodale Weg nicht. Aber darauf komme ich später noch zu sprechen.

Mir kommt ein Satz des heiligen Pfarrers von Ars in den Sinn: „Wer Gott nicht liebt, liebt sich selbst und zugleich seine Lust. Er hängt sein Herz an Dinge, die wie Rauch vergehen." Krasse Worte. Wann liebt man Gott nicht? Vielleicht lieben wir oft zu wenig, aber gar nicht, das glaube ich bei keinem der Synodalen. Hier ist jeder guten Willens, auch wenn unsere Meinungen manchmal meilenweit auseinanderliegen. Dennoch. Wenn wir das Zitat dieses Heiligen ernst nehmen und an die geplante neue Sexualmoral denken, die keine Erfüllung hervorbringen kann (das kann nur Gott) – genau das will der Mensch aber –, und wenn alle Lust wie Rauch vergeht, was bringt sie uns dann, die neue oder eine fehlende Sexualmoral?

Man könnte fast meinen, auf dem Synodalen Weg überhitze sich das Testosteron. Aber Moment, die Herren und Damen: Wir haben es hier mit einer Kirche zu tun, die ein Mensch gestiftet hat, der zugleich Gottes Sohn war. Christus kannte sicher die Erregungen der Sexualität – und er ist damit auf eine Art und Weise umgegangen, über die Menschen heute spöttisch schmunzeln. Er lebte die Liebe dienend und in voller Hingabe an Gott und die Menschen. Es ist sein Vermächtnis, über das wir reden. Klar können wir darüber Sprüche klopfen und unsere eigenen „Weisheiten" unter seinem Etikett anpreisen. Das aber wäre nichts anderes als Betrug. Wir gäben vor, Christus zu verkünden, präsentierten aber nichts anderes als zeitgeistige Zurechtbiegereien.

Ich liebe dich – aber nur bis morgen

Wer nach einem Recht auf sexuelle Handlungen schreit, verkennt die Aufgabe der Kirche. Sie lädt nicht zu zügelfreiem Sex ein. Vielmehr will sie zeigen, was Liebe wirklich ist und wie man lernt, sie zu leben; wie der Mensch gottesebenbildlich und damit wirklich frei leben kann; was zu seiner Entfaltung beiträgt und was nicht, wie er seine Freiheit einsetzen kann für das Gute und Schöne – statt Sklave seiner Begierden zu sein. Kirche setzt sich ein für echte Freiheit und echte Liebe.

Aber was ist das nun, echte Liebe? Liebe sieht den anderen, nicht sich zuerst. Sie ist nicht an Bedingungen geknüpft. Wenn jemand sagt: Ich hab dich ganz doll lieb – aber nur bis morgen –, dann ist das keine Liebe. Das ist jemanden ausnutzen und auspressen wie eine Orange für den kurzen (Frische-)Kick.

Eine junge Synodale sagte bei der Münchner Versammlung zum Thema, wer keusch leben wolle, solle es eben tun. Die Kirche solle deshalb Keuschheit nicht zum Maßstab setzen. Freundlich, ja keck lächelte die junge Frau in den majestätisch wirkenden Saal und zog dann die Brauen hoch, als wollte sie hinzufügen: Ist doch klar!

Ich frage mich, was Jesus ihr geantwortet hätte. Vermutlich etwas in diese Richtung: Jeder ist frei, sich an meine Regeln zu halten. Willkür-Sex kann freilich nicht die Norm sein. Die Christus-Norm schlechthin ist die Liebe, als zum Beispiel das, was Mutter Teresa gelebt hat. Mit Sex hat das erst einmal nichts zu tun. Das Elend in Kalkutta fand sie sicher auch nicht besonders sexy, aber sehr liebenswert. Wie sie Menschen, die stinken, mit ihren Wunden furchtbar aussehen, so lieben konnte? Durch die Anbetung. 1973 beschloss sie, mit ihren Mitschwestern jeden Tag eine Stunde Anbetung zu halten, obwohl sie massig Arbeit hatte in den Häusern, die immer mit Kranken und Bedürftigen vollgepfropft waren. Aber, so sagte sie, seit der täglichen Anbetung „ist unsere Liebe zu Jesus inniger geworden, unsere Liebe zu den Armen mitfühlender und die Zahl der Berufungen hat sich verdoppelt". Mich macht so etwas nachdenklich … Echte Liebe kann nie Sünde sein. Im Gegenteil … Aber: Let's talk about Sex.

Sex ist neben Musik ja auch eine Religion, meinte Sting. Er hatte Recht. Jedenfalls ersetzt sie vielen Menschen die Orientierung in dieser Welt. Wer es heute bis zur Ehe ohne Sex aushält, darf es niemandem anvertrauen, sonst wird er schnurstracks in die Schublade „weltfremd" einsortiert. Dabei wollen sich nicht wenige das i-Tüpfelchen der menschlichen Liebe für den Richtigen/die Richtige aufheben.

Das war lange Zeit ganz normal. Der britische Exeget Nicolas T. Wright beschreibt, dass während der gesamten ersten christlichen Jahrhunderte Christen und Juden darauf bestanden, dass die ausgelebte Sexualität auf die Ehe zwischen einem Mann und einer Frau zu beschränken sei.

Ehe ist nach dem Verständnis aller drei Weltreligionen, die sich auf die Bibel beziehen, eine lebenslange Verbindung von Mann und Frau, die auf eine natürliche Nachkommenschaft ausgelegt ist: Du allein, du für immer, mit dir ein Kind.

Zu der damaligen Zeit, so Wright, „war jede Art von Sexualpraktik, die die Menschheit je erdacht hatte, in der antiken griechischen und römischen Gesellschaft weit verbreitet. Heute wie damals denkt der Rest der Welt, das sei verrückt. Der Unterschied besteht leider darin, dass heute auch die halbe Kirche dasselbe denkt."

Glaubt die Kirche nicht mehr, was Jesus gesagt hat? Es gibt sie. Manche sind so mutig, dass sie pointiert und provokant so Sätze rauszuhauen, wie es Johannes Hartl, Leiter des Gebetshauses in Augsburg, getan hat: „Sex gehört in die Ehe, und wenn du verheiratet bist, hast du Sex, und wenn nicht, hast du keinen Sex."

Dieser Satz ist zwar einfach nur katholisch. Aber vermutlich sind trotzdem viele auf ihn losgegangen. Mit so einer Aussage gilt man inzwischen nicht mehr nur als hinterwäldlerisch, sondern auch als homophob.

Dabei werden heutzutage besonders diejenigen diskriminiert und gemobbt, die keusch leben und mit der Sexualität warten bis zur Ehe, worauf einige Synodale beim Regionaltreffen in München hinwiesen. Die sind es, die heute belächelt, ignoriert, diskriminiert werden. Manchmal ganz massiv.

Auch Heilige zu zitieren, scheint ein No-go zu sein. Johannes Paul II. und seine Theologie des Leibes würden die Synodalen vermutlich am liebsten auf einen wiedereinzuführenden Index setzen. Eine mögliche Begründung: Homophobe muss man ausgrenzen. Wobei die Beschimpfung mit „homophob" hier fehl am Platz ist. Die Theologie des Leibes ist „eine wunderschöne biblische und philosophische Erklärung für das Menschsein in zwei Formen: männlich und weiblich, ihre Komplementarität und Fruchtbarkeit", wie es Papst-Biograf Professor George Weigel einmal in einem Interview erklärte. In den USA werde diese Theologie des Leibes ernsthaft umgesetzt und verändere Leben – zum Positiven. Ergebnis seien „großartige Ehen und Familien". Wenn man bedenkt, dass in Deutschland jede dritte Ehe zerbricht, könnte man wenigstens ein bisschen an dem Papier des heiligen Papstes schnuppern.

Natürlich wird das Leben für viele im gewissen Sinne einfacher, wenn wir die Lustoptimierung für alle absegnen. Nur sollten wir uns auch Gedanken machen über einen neuen Namen für diese Kirche der sexuellen Zeitgeistmoral. Wie wär's mit Pippi-Langstrumpf-Kirche? Das klingt doch sympathisch; nach Abenteuer, Spaß, Lust und Laune, Stärke und viel Geld. Ach was, Gold. Und das kistenweise. Wie habe ich diese Filme geliebt als Kind! Danke, Frau Lindgren. Sie haben die katholische Kirche gerettet. Wobei, eines fehlt noch für das katholische Lustrecht: die weiß-gelbe Fahne des Vatikan, die römische Legitimation.

Zur Not ginge es auch ohne. Nur hätten wir dann ein Schisma und wir hätten eine Reform, die eigentlich eine völlige Deformation wäre. Rollt der Synodale Weg derzeit schnurstracks in diese Richtung? Ist das nun die nachgeeiferte Reformation der katholischen Kirche? Mit 500 Jahren Verspätung. Typisch katholisch. Folgen wir damit einem bewährten Modell? Das die Menschen bindet? Zu Christus führt? Erfolgreich die Herzen erobert? Ohne Priester, mit Frauenpfarrern, homosexuellen Pfarrhäusern, totalgegendert, keine Scheidungsgrenzen, zeitgeistgeschmeidig? Mag sich das jeder selbst beantworten.

Ich vermisse auf dem Synodalen Weg feste Zeiten für stilles Gebet und echtes Ringen um das Erkennen von Gottes Willen. Wir meditieren immerhin. Die geistliche Leiterin des Synodalen Weges, Maria Boxberg, lädt uns ein, die Augen zu schließen, die Füße mit dem Boden zu verbinden und in uns hineinzuhorchen: „Welche Bewegungen, Gefühle, Gedanken sind jetzt da?" Boxbergs dunkle Stimme klingt fast zu laut in die Stille: Wir sollen der Beziehung, die wir zur Sitzfläche haben, und dem Aufgerichtetsein „ein paar Momente" nachspüren. Wir sollen uns „im Leib … bewegen", damit wir besser zu uns kommen. Während (fast) alle Synodalen auf den Boden starren oder die Augen geschlossen halten, umspült bei manchen solcher Meditationen auch ruhige Musik unsere Ohren.

Die Kirche ist kein Vergnügungsclub!

Paul Claudel hat den Satz geprägt: „Der Mensch ist nicht zum Vergnügen, sondern zur Freude geboren." Vergnügen kann etwas Schönes sein, aber auch die Frucht von Egoismen, es kann Ausnutzung bedeuten, manchmal sogar Missbrauch. Echte, fortdauernde Freude finden wir nur bei Jesus. Wenn wir also Missbrauch bekämpfen wollen, dürfen wir meines Erachtens nicht so einfach die Sexuallehre weichklopfen, sondern wir müssen sie genau dort platzieren, wo die Not am größten ist. Nur dann schützt sie Liebe, Leben, Freiheit und Lust. Eine moral- und anspruchslose Sexuallehre ist wie ein grobmaschiges Netz, durch das die Sünde hindurchschlupft[10] (vgl. Meusel, 2020, S. 210). Sünde zu erlauben, nur weil es viel Sünde gibt, wäre eine kirchliche Bankerotterklärung.

Ohne Zweifel wäre der Bankrott eine Veränderung. Aber ist sie deshalb bereits eine Reform? Ein neues und tieferes Gleichförmigwerden mit Christus? Wenn Jesus sagt: „Liebe deinen Nächsten wie dich selbst", dann können wir dieses Gebot nicht einfach unserer Lebenswirklichkeit anpassen. Die Geschichte hat gezeigt, was dabei herauskommt: Liebe deinen Nächsten wie dich selbst – aber nicht die Schwarzen, die brauchen wir als Sklaven. Liebe den Nächsten wie dich selbst – nur nicht die Zigeuner, das sind Menschen zweiter Klasse. Liebe den Nächsten wie dich selbst – aber nicht die unverheirateten Schwangeren, die haben ja gesündigt! Oder heute: Liebe den Nächsten wie dich selbst, aber nicht die Kinder mit Down-Syndrom, die haben einen Gendefekt. Liebe den Nächsten wie dich selbst – nur nicht die Homosexuellen, Du weißt schon … Hier hat auch die Kirche Fehler gemacht. Sie hat nach der Devise gelebt: Liebe den Nächsten wie dich selbst, aber nur die Braven.

Schande! Da steckt man als Katholik am liebsten den Kopf in den Sand oder versinkt besser gleich ganz im Boden. Aber hier sehen wir, wo wir hinkommen, wenn wir Gottes Wort verändern oder irgendwelchen zeitgeistigen Forderungen anpassen. Das kann jeder Verein gern machen, aber die Kirche nicht. Ich bin ja heilfroh, dass wir in der katholischen Kirche etwas haben, das eben anders ist als alles andere auf der Welt, wo jeder tut, was andere tun, weil man es eben so tut, weil es gerade cool ist. Die Kirche gibt Orientierung.

Eine Freundin von mir, sehr gläubig, erzählte mir einmal – und das darf ich hier erzählen –, wie sie ihrem furchtbaren Schwiegervater regelmäßig den Tod wünscht und das immer wieder beichtet, weil sie es nicht schafft, diesen ihren Nächsten zu lieben und ihm trotz allem Gutes zu wünschen.

Man kann sich auch zu einem One-Night-Stand berufen fühlen, weil dabei Funken sprühen – wenn auch nur kurz, aber die sprühen. Sch… drauf, wenn man sich am nächsten Morgen a bissl zerlumpt vorkommt … Denn diese Granate an … was ich sagen will: Geht nicht. Jesus sagt: Wer mich liebt, der hält meine Gebote (vgl. Joh 14,15). Wenn wir alle die Nächstenliebe richtig leben würden, würden wir die Gebote Gottes ganz automatisch befolgen. Das habe ich mir nicht ausgedacht, das ist, was die Kirche lehrt. Sie ist die Hüterin der Gebote Gottes und muss die Schläge dafür einkassieren, dass Gott sich da etwas ausgedacht hat, was viele Menschen schlichtweg bescheuert finden. Dürfen sie auch. Aber die Botschaft der Kirche ist nicht die Reform von Glaubensgesetzen und Strukturen, sondern zuallererst Umkehr und Heil. Ein Christ muss es ertragen, verspottet, verunglimpft, missverstanden zu werden. Das gehört dazu, wenn man Christus und seiner Lehre folgt. Im Lukasevangelium lesen wir: „Weh, wenn euch alle Menschen loben. Denn ebenso haben es ihre Väter mit den falschen Propheten gemacht" (Lk 6,26).

Wenn also nach Ausgang des Synodalen Weges alle die neue deutsche katholische Kirche genial finden, sollten wir aufmerken. Dann haben wir vermutlich alles Mögliche gemacht, nur nicht Jesu Vorgaben beachtet. Die Nachfolge Jesu ist nicht leicht. Das macht der Kirche doppelt Arbeit; sie muss die Gebote bewahren vor Schändung und Änderungen; sie muss dafür auch Verachtung ertragen können: Und sie muss – naja: sollte – selbst vorbildlich leben.

Es sagt ja niemand, dass es einfach ist, nach den Vorgaben Gottes zu leben. Und dass es gründlich schiefgehen kann, sehen wir (nicht zuletzt) an den Missbrauchsfällen, die es auch (!) innerhalb der katholischen Kirche gibt. Dieser Missbrauch kulminiert manchmal in sexuellen Delikten. Genau deshalb braucht es die geistliche Erneuerung, die Umkehr, die Buße – nicht zuerst die strukturelle Reform. Hier kann und muss die Kirche nur den Kopf senken und bereuen, aber auch alle Kritik, Häme und Austritte hinnehmen. „Das Kreuz ist … das Kriterium christlicher Macht und Autorität", erinnerte der Erzbischof von Denver, Samuel J. Aquila, im Mai 2021 in einem offenen Brief die deutschen Bischöfe. Papst Franziskus hatte zum Thema Kreuz schon nach seinem Amtsantritt in der Sixtinischen Kapelle gesagt: „Wenn wir ohne das Kreuz gehen, wenn wir ohne das Kreuz aufbauen und Christus ohne Kreuz bekennen, sind wir nicht Jünger des Herrn: Wir sind weltlich, wir sind Bischöfe, Priester, Kardinäle, Päpste, aber nicht Jünger des Herrn."

Zölibatäre Fehlentwicklung

Zur besonderen Jüngerschaft Jesu gehört auch der Zölibat, der übrigens uneingeschränkt freiwillig ist und immer war. Man verkennt mit der Forderung nach dem „freiwilligen" Zölibat, dass nicht dieser an sich ein Problem darstellt, sondern die Art und Weise, wie Einzelne ihn leben. Das sehen einige Priester genauso auf dem Synodalen Weg. Ich finde, dass der alleinstehende Diakon oder Priester, der auf einsamer Flur seinen Dienst versieht, eine Fehlentwicklung ist. In der Kirchengeschichte entwickelte sich der Zölibat zunächst und vorzugsweise in geistlichen Gemeinschaften. Das wurde auf dem Synodalen Weg mehrfach bestätigt. Aber noch fehlt der Mut, daraus strukturelle Konsequenzen zu ziehen: Die Pfarreien in ihrer jetzigen Form müssten aufgegeben werden – zugunsten von Missionszentren, die dem Ortspfarrer wie „Missionsstationen" unterstellt sind, um die Evangelisierung und die Caritas zu fördern. So lesen wir es auch in der Vatikanischen Instruktion „Die pastorale Umkehr der Pfarrgemeinde". Wenn wir Strukturen ändern wollen, dann diese.

Zölibat und die Sexuallehre sind leuchtende Zeichen in unserer durch Glaubensferne verdunkelten Welt. Wir brauchen sie als ethische Leitideen, damit Menschen die Kirche wieder als moralische Instanz begreifen, die seelische, psychische und körperliche Zusammenhänge erklärt, die Langzeitfolgen nicht verschweigt und Orientierung gibt. Und aneckt. Unsere Kirche darf kein Vergnügungstempel werden. Sie muss vielmehr von Freude nur so überlaufen, von echter Freude im Herrn, denn er ist es, der uns wieder auf die Beine stellen und aus den Scherbenhaufen unserer Alltage und damit auch der Kirche etwas ganz Wunderbares schaffen kann.

Dass katholische Kirche richtig anspruchsvoll und anstrengend sein kann, ist Faktum! Wir bleiben oft hinter dem, was wir leben wollen, zurück. Es ist sogar so, dass unser Versagen umso mehr Unheil anrichten kann, je anfordernder und schwerer ein christliches Zeugnis ist, sagte Hans Urs von Balthasar in Bezug auf die Evangelischen Räte Keuschheit, Gehorsam, Armut[19] (Balthasar, 1978, S. 134). Die Kritik daran würde nie verstummen, solange „fehlbare Menschen es zu leben versuchen". Aber ohne den besonderen Ruf zu einem Leben in Armut, Keuschheit und Gehorsam gäbe es auch kein Evangelium und keine Kirche. Daraus leite ich ab, dass unsere Unzulänglichkeit nicht der Maßstab für ein christliches Leben sein darf.

Zudem – und es ist wirklich sehr paradox, dass das noch niemand genauer untersucht hat, soweit ich weiß –, ist das Ergebnis der anspruchsvollen Treue ein erfülltes Leben in echter Freude. Treue kann uns viel kosten. Manchmal sogar das Leben, wenn wir die Märtyrer anschauen. Kirche und Glaube kann anstrengend sein, aber das Kreuz und der Kreuzweg Jesu waren doch noch viel anstrengender.

Geniale Freiheit

Das Geniale an unserem Glauben und an Gott ist, dass er uns nie zu etwas zwingt. Er gibt uns Gebote, er hat die Kirche gestiftet und sie uns mit bestimmten Vorgaben unserer Sorge und Pflege anvertraut. Er hat nie jemanden zu etwas gezwungen und dann verurteilt. Aber er hat sehr wohl gesagt, was richtig und was falsch ist. Und wir sind eingeladen, all das, was wir an der Lehre der Kirche nicht verstehen, tiefer zu ergründen; warum sie manches nicht ändern darf, aber alle Menschen wirklich aus vollem Herzen annimmt.

Niemand zwingt uns, in der katholischen Kirche zu sein und/oder gemäß der Lehre der katholischen Kirche zu leben. Andersherum darf niemand die katholische Kirche zwingen, sich vom Wort Gottes, der Offenbarung und der Tradition zu verabschieden.

Mit anderen Worten: Wenn die katholische Kirche mir nicht passt, kann ich nicht verlangen, dass sie sich meinen Vorstellungen anpasst. Das ist in der Arbeitswelt nicht anders: Wenn ich mich entscheide, in einer Firma xy zu arbeiten, deren Produkte ich verkaufen muss, dann muss ich mich mit ihr identifizieren können und kann nicht daherkommen und sagen: Chef, wir bauen die Firma um.

Aber genau das passiert gerade in der Kirche. Man müsse die Lehre den Lebensformen der Welt anpassen, damit Sünde nicht mehr Sünde ist – zumindest auf dem Papier, vor Gott bleiben Fehler Fehler –, jeder die Sexualität leben kann, wie er will, und dann viele wieder dankbar in die Kirche rennen, um … ja wozu dann eigentlich noch? Man könne fast meinen, vor allem wegen Sex …

Gott zwingt niemand zu etwas, aber er gibt uns etwas auf den Weg, das gut für uns ist. Er ist durch und durch Liebe; und Liebe bedeutet auch Grenzen setzen.

Dass er für uns Menschen manchmal unverständlich und unbegreiflich ist, geb ich zu.

Emotionalisierung vernebelt Fakten

In der Veränderungsdebatte kommt es vor, dass Gefühle als emotionale Munition gebraucht werden, die ein weiteres Gespräch auf sachlicher Grundlage zunächst einmal ausbremsen; bei einem Talk im Deutschlandfunk passierte dies beim Thema Missbrauch. Für mich ist es unfassbar, wie ein erwachsener Mann (seltener auch eine Frau) ein Kind, einen Jugendlichen oder Schutzbefohlene sexuell vergewaltigen oder missbrauchen kann. Und wie das ein Priester tun kann. Unfassbar! Das ist ein Verbrechen an Leib, Geist und Seele eines Menschen und gehört bestraft. Als Mutter darf ich hier gar nicht weiterdenken! Da zieht sich in mir alles zusammen und ich stehe sofort im Feld, wenn es darum geht, für Prävention zu kämpfen, damit Seelen gar nicht erst verletzt werden! Wir brauchen wirklich einen Präventions-TÜV für alle Institutionen. So viel Missbrauch in der Kirche, aber auch in der Gesellschaft, wie wir an den aktuellen Zahlen der allgemeinen Kriminalstatistik in Deutschland sehen: 2019 verzeichnet sie 4.000 schwere Misshandlungen, 15.936 Fälle sexueller Gewalt, 12.262 Fälle von Kinderpornografie. Die Zahlen für 2020 und 21 scheinen das noch zu übertreffen. Unfassbar. Missbrauch ist ein Massenverbrechen. Missbrauchte Menschen sind oft ein Leben lang verletzt und traumatisiert. Das alles ist schrecklich genug, da nützt uns kein emotionales Aufputschen.

Emotionalisierte Debatten sind keine Debatten. Jeder weiß, dass man Gefühle lieber erst einmal sacken lässt, bevor man sensible Themen an- und bespricht. Alles andere macht die Diskussion oder das Gespräch unsachlich und führt am Kern vorbei. Ich würde mir sehr wünschen, dass wir uns alle mehr um Sachlichkeit bemühen und mit einem echten Wahrheitsanspruch an alle Themen herangehen.

Was sonst passiert, sehen wir am Fall Köln. Was fast durchweg durch die Presse ging, waren Empörung und Skandalisierung um den Kölner Kardinal, der – Skandaaaal – ein zweites Missbrauchsgutachten in Auftrag gegeben hat, weil anerkannte Fachleute unabhängig voneinander das erste für mangelhaft und methodisch unbrauchbar befunden hatten. Was sollen wir mit einem Gutachten anfangen, das 400 seiner Seiten schwärzt. Aus juristischen Gründen. Das fragte sich Peter Bringmann-Henselder, Sprecher des Kölner Betroffenenbeirats.

Trotzdem hagelte es Kritik und Misstrauensbekundungen, Werturteile, Anklagen, Unterstellungen, persönliche Bewertungen. Sogar Rücktrittsforderungen wurden laut, weil der Kardinal aufgrund von juristischen Mängeln das erste Gutachten nicht freigeben wollte. Vertuschungsvorwürfe kamen, ohne dass jemand Genaues darüber sagen konnte.

Es ist schade, wenn wir als Christen aufeinander losgehen, wie man es aus der Politik kennt. Kirche darf einen Unterschied machen, sodass Menschen „da draußen" sagen: Wow, interessant, echt schön, wie die miteinander umgehen. Dass wir das nicht gut können, tja, nobody is perfect. Aber wir können uns bemühen und dabei einander helfen, immer perfekter zu werden.

Diese Skandalisierung vernebelt die Sicht auf die Fakten. Im Kölner Fall hatte ich den Eindruck, es gehe eigentlich um eine ganz andere Agenda: Der Kardinal soll endlich von der Bühne abtreten. „Der Erzbischof von Köln wäre seine Kritiker mit einem Schlag los, wenn er in Sachen ‚Synodaler Weg' (…) eine ähnliche Position wie die Bischöfe von Limburg und Osnabrück vertreten würde, Es ist ein Skandal, dass man Kardinal Wöelki eine Visitation ins Haus schickt, während die deutschen Bischöfe unbehelligt bleiben, die den Missbrauchsskandal nicht annähernd so konsequent wie er aufklären und statt dessen römische Verlautbarungen regelmäßig infrage stellen." Das sagt Professor Karl-Heinz Menke in einem Interview[20] (Kirchenzeitung Erzbistum Köln, 20.08.2021, S. 17).

Der Kardinal sah oft sichtlich gebeutelt aus, zeigte aber immer noch Verständnis für das Hochkochen der Emotionen bei diesem so sensiblen Thema und entschuldigte sich mehrfach. Weniger geknickt als in-

nerlich stark und hoffnungsvoll wirkte er bei der Online-Versammlung, als er zu uns Synodalen sprach:

„Ich möchte zunächst Danke sagen, dass wir in dieser Weise miteinander sprechen können. […]“ Er sei
sich bewusst, dass durch die Art der Aufarbeitung im
Kölner Bistum in den vergangenen Monaten, Vertrau-
en verloren gegangen sei. „Als einer der Ersten, die
einen Betroffenenbeirat eingerichtet haben und auch
eine unabhängige Untersuchung mit Namensnennun-
gen in Auftrag gegeben haben, haben wir und habe
ich Fehler gemacht. Ich weiß das und ich weiß auch,
dass wir nicht gut kommuniziert haben. Da sind Fehler passiert, für die ich letztlich auch die Verantwortung trage. Aber das Ziel bleibt“, sagte der Kardinal mit
Nachdruck, „wir wollen Aufklärung, wir wollen Aufarbeitung und wir wollen es vor allen Dingen für die
Betroffenen tun, denn die haben ein Recht darauf. Für
die möchte ich mich auch wirklich einsetzen.“

Er schloss die Augen und fuhr fort: „Es tut mir
wirklich leid“, dann überlegte er und sprach stockend
weiter, „dass – Betroffene – dadurch – wieder sozusagen durch das, was wir hier getan haben, auch neuem
Leid ausgesetzt sind, aber auch alle Schwestern und
Brüder, auch in den anderen Diözesen. Wir werden
aufarbeiten. Wir werden das erste Gutachten, das wir
nicht veröffentlicht haben, zur Einsicht freigeben. Erst
den Betroffenen, dann auch Journalisten und allen anderen, die das möchten. Wir werden mit dem zweiten
Gutachten, von dem wir uns erhoffen, dass es rechts-

sicher ist, weiterarbeiten; systemische, institutionelle und auch persönliche Verantwortlichkeiten benennen und aufdecken. Und ich stehe zu meinem Wort, dass dann auch Namen genannt werden. Das habe ich den Betroffenen versprochen. Und das wird auch so sein. Vielen Dank."

Wenn man Spannung fallen hören könnte, man hätte sie gehört in diesem Moment. Besonders Karin Kortmann schien berührt zu sein. Sie ist nicht nur SPD-Politikerin, sondern war auch lange Jahre Vorsitzende des katholischen Jugenddachverbandes BDKJ. Ich bin mir nicht sicher, ob ich Tränen in ihren Augen hinter der schwarzen Brille, die sich stark von ihrem blonden halblangen Haar abhebt, glitzern sehe, als sie auf das Bischofs-Statement antwortet: „Ich nehme das, was Sie uns heute gesagt haben … als ein neues Angebot der Aufarbeitung sehr ernst entgegen." Sie nehme den Bischof beim Wort und bat ihn, für die versprochene Aufklärung Sorge zu tragen. „Und wenn Sie Unterstützung und Hilfe brauchen, dann sind wir da."

Zuvor, so sagt sie, habe sie nicht gewusst, ob sie heulen, weinen oder sich ärgern solle über die Art und Weise der Aufarbeitung im Fall Köln, vor allem, weil das erste Gutachten nicht veröffentlich worden war.

Köln setzt Maßstäbe

Jeder Missbrauch ist einer zu viel. Schrecklich, unfassbar – ich weiß kein anderes Wort. Die Missbrauchsfälle tun uns allen weh. Und sie haben die Glaubwürdigkeit der Kirche stark beschädigt. Aber eine öffentliche Echauffage und Trommelwirbel in den Medien nützt uns in der Sache überhaupt nichts. Das lockt vielleicht neugierige Leser an, befeuert aber auch die Emotionen; während die hochkochen, verdampft alle Vernunft. Was wir in der Aufarbeitung der Missbrauchsfälle brauchen, ist aber vor allem die mit Liebe verbundene Wahrheit, nicht mit Hass und Misstrauen erfüllte Unterstellungen. Emotionalisierung schwächt jede Debatte, nimmt ihr die Basis einer auf Fakten und Sachlichkeit gründenden Diskussion. Darum habe ich mich auch öffentlich bei der Online-Versammlung des Synodalen Weges im Januar 2021 dafür ausgesprochen, dass wir auf Emotionalisierung und Skandalisierung verzichten mögen. Schließlich wollen wir alle, dass den Opfern zumindest jetzt Anerkennung und Gerechtigkeit widerfährt und Licht in dieses dunkle Kapitel der katholischen Kirche kommt. Außerdem brauchen wir interdisziplinäre Ansätze.

Jedenfalls muss man dem Kölner Hirten zugutehalten, dass das neue Gutachten, das er bei Professor Gercke in Auftrag gegeben hat und das am 18. März veröffentlicht worden ist, erstmals in einer deutschen Institution ALLE Beschuldigungen sexuellen Missbrauchs untersucht und bewertet hat – und nicht nur beispielhafte Fälle. Damit hat er Maßstäbe gesetzt. Ich bin gespannt, wie viele Institutionen diesem Vorbild der katholischen Kirche folgen werden. Denn immerhin haben wir in Deutschland circa 30.000 Hellfeld-Fälle jährlich, die allein die Bereiche Kinderpornografie und sexuellen Missbrauch betreffen.

Prävention ist in allen Einrichtungen der katholischen Kirche mittlerweile die Norm. Richtig so! Jetzt brauchen wir nur noch mehr Sachlichkeit, Verantwortungsbewusstsein, Fairness und echten Wahrheitsanspruch. Das gebieten uns sowohl die Nächstenliebe als auch die Grundsätze der Rechtsstaatlichkeit.

Einmal wegschauen bitte

Im Rahmen meiner Arbeit beim Synodalen Weg habe ich mich intensiv mit der MHG-Studie und dem Thema „Missbrauch" beschäftigt. Die MHG-Studie untersuchte u. a., weshalb gerade die katholische Kirche so heftig von Missbrauch betroffen ist. Laut einer Studie der Ulmer Universität (2019) ist auch die evangelische Kirche in etwa gleichem Umfang von Missbrauch betroffen, wenn auch in anderer Weise. Müssen wir den Missbrauch nicht auch gesamtgesellschaftlich betrachten und alle gemeinsam anpacken?

Die MHG-Studie wies erhebliche Mängel auf. Beispielsweise ist der Studie nicht zu entnehmen, in wie vielen Fällen es sich ausschließlich um körperliche Berührungen handelt. Aus wissenschaftlicher Sicht ist es problematisch, wenn solche Körperberührungen gewertet werden wie eine Vergewaltigung. Die Datenbasis ist rudimentär. Nicht nur einige Bischöfe hatten die Wissenschaftlichkeit der kirchlichen Missbrauchsstudie in Zweifel gezogen. Erstaunlich ist schon, dass die Diözesen nicht in der Lage waren, die Gesamtzahl aller Kleriker aus ihrem Bereich zu nennen, die im Untersuchungszeitraum tätig waren. Das ist für eine Studie sehr ungünstig[21] (vgl. Manfred Lütz, Die Tagespost, 02.02.2020).

Natürlich ist der Missbrauch durch Priester ein Skandal erster Ordnung. Das will ich nicht relativieren. Ich will kurz ein wichtiges Ergebnis der Studien aufzeigen, das meiner Ansicht nach zu wenig Beachtung findet. Es gibt ein echtes strukturelles Problem. Nicht nur in der MHG-Studie, sondern in praktisch allen einschlägigen internationalen Untersuchungen wird deutlich, dass es auffälligerweise in der weitaus überwiegenden Zahl (80 Prozent) um gleichgeschlechtliche Vergewaltigungen und Übergriffe in der Phase der Pubertät oder der Postpubertät geht. Mehr als die Hälfte der von gewalttätiger Sexualität männlichen Betroffenen sind unter 13 Jahren jung. Das bedeutet, dass der Missbrauch zumindest anteilig auf hebephilem oder ephebophilem Begehren beruht, also einem sexuellen Hingezogensein zu männlichen Jugendlichen in der Frühpubertät. Früher sprach man von „Knabenschändung".

Mich wundert, dass die Frage völlig unter den Teppich fiel, wie dieses Faktum zu bewerten ist und welche Konsequenzen daraus zu ziehen sind – zumal die John Jay Studie in den USA gleiche Zahlenproportionen zu Tage fördert. Da fragt man sich dann doch, inwiefern es hier wirklich um Missbrauchsaufarbeitung geht und ob nicht der Sprecher des Kölner Betroffenenbeirats, Peter Bringmann-Henselder, nicht Recht hatte, als er sich bitter über die kirchenpolitische Instrumentalisierung des Missbrauchs beklagt hat.

Eher wird man vom Küssen schwanger als vom Zölibat pädophil

Vielfach wird auf dem Synodalen Weg gefordert, den Zölibat abzuschaffen und Frauen zum Priesterberuf zuzulassen, um Missbrauch einzudämmen. Wenn Missbrauch allein die Folge klerikaler Ignoranz, mangelnder Partizipation und fehlender Demokratie wäre, müsste man auch die rund 96 Prozent unbescholtenen Kleriker den Laien(-Funktionären) unterstellen. Wäre das richtig? Zudem sagen Experten, darunter Hans-Ludwig Kröber, der führende Forensiker an der Charité in Berlin, der Zölibat sei zumindest kein Auslöser für Missbrauch: „In jedem Fall werden Menschen in ihrer Entwicklungsphase zu Pädosexuellen und nicht erst, nachdem sie lange Zeit auf Sex verzichten mussten. Man wird, nebenbei bemerkt und rein statistisch gesehen, eher vom Küssen schwanger als vom Zölibat pädophil"[22] (Cicero, 31. März 2010). Seinen Studien zufolge ist die Wahrscheinlichkeit, dass ein katholischer Priester zum Missbrauchstäter wird, 36-mal geringer als bei Männern, die nicht zölibatär leben.

Hier bestätigt sich mein Eindruck, dass statt der realen Opfer sexuellen Missbrauchs immer neue „Opfer" nach vorne treten, wie zum Beispiel „der Zölibatäre" oder „die Frau in der Kirche". Die Aufklärung von Missbrauch ist teilweise zum Stellvertreterkrieg mutiert, in dem es in Wahrheit um Claims einer liberalen Kirchenagenda geht. Das kann nicht der Weg aus der Krise sein. Und die Ansicht, Missbrauch sei eine Folge des Autoritätsgefälles oder er läge in der Logik von „Klerikalismus", nehme ich als vertuschende Sprachregelung wahr. Es sind ja nicht einfach alte Männer, die in ihrem Allmachtsgehabe nun auch noch sexuell übergriffig werden – es geht schon um Triebtäter.

Missbrauchsaufarbeitung in der katholischen Kirche

Nun darf man in der Missbrauchsdebatte nicht vergessen, dass die Kirche spät, aber als erste Institution transparente Strukturen geschaffen hat, um Missbrauch zu vermeiden, Opfer zu ermutigen, sich zu melden und Täter dem weltlichen Gericht zu übergeben. In Deutschland gibt es Richtlinien seit 2002, die seitdem ständig den neuesten Erkenntnissen angepasst werden. Unter Kardinal Ratzinger wurden in der Glaubenskongregation 2001 erste Schritte unternommen. Und schon viel früher hat er sich dafür eingesetzt, dass der Vatikanische Kodex dahingehend geändert wird, dass Kleriker suspendiert und nicht nur an einen anderen Ort versetzt werden können. Im Januar 2012 wurde noch unter Papst Benedikt das Zentrum für Kinderschutz (CCP) an der Päpstlichen Universität Gregoriana gegründet. Dort geschieht sehr viel.

Sex ab der Geburt

Da verstehe ich nicht, warum wir jetzt zu zügelfreier Sexualität einladen sollen, wenn wir Missbrauch bekämpfen wollen. Aber hier scheiden sich die Geister auf dem Synodalen Weg. Es gibt sogar eine Präventionskommission, die Missbrauch präventiv angehen will, indem sie zu zügelfreiem Sex einlädt. Sexspielchen für Kleinkinder, frei nach Helmuth Kentler. Ich bin mir sicher, nicht die Einzige zu sein, der hier die Haare zu Berge stehen.

Wenn man sich das Positionspapier der katholischen Kirche zur Prävention sexualisierter Gewalt anschaut, fragt man sich, ob der Synodale Weg nicht doch ideologisch unterwegs ist. Ich finde es völlig unverständlich, dass Menschen, die in der Kentler-Schule ihr Handwerk gelernt haben, hier und heute zu Ratgebern der DBK herangezogen werden. Durch Helmut Kentler sind mehr als 30 Jahre lang (!) arme Kinder über Jugendämter (!) an bekannte (!) pädophile Pflegeväter ausgeliefert worden. Und das fast unbemerkt – oder sagen wir: bewusst? Berichtet wurde davon kaum. Kein Bürgermeister arbeitet auf. Niemand trägt Verantwortung. Wo ist der Journalist, der nachfragt? Entschädigungsleistungen an Betroffene sind kaum geflossen. Fälle wurden unter den Teppich gekehrt – wissenschaftliche Aufarbeitung der staatlichen Verbrechen fand wohl statt. Hat aber nicht wirklich jemanden interessiert. Das muss man sich mal vorstellen!

Da man fragt sich schon nach dem Ziel dieser synodalen Veranstaltung. Ich komme mir vor, wie im falschen Film. Nur ist das kein Film, sondern pure Realität. Darum gebe ich dem Elternverband NRW Recht und ziehe den Hut vor so viel Mut, das Papier der Präventionskommission zu kritisieren. Der Verband hat im Mai 2021 einen offenen Brief an die deutschen Bischöfe veröffentlicht und mit Recht kritisiert, dass Uwe Sielert mit ins Boot der Missbrauchs-Prävention geholt wird, der Kentler auch noch als „väterlichen Freund" bezeichnet. Geht es hier wirklich darum, Missbrauch zu verhindern, oder doch darum, ihn salonfähig zu machen – à la Helmut Kentler, wie Andrea Heck es in diesem Brief schreibt?

Was hier passiert, ist weiterer Missbrauch von Kinderseelen, die von Geburt an das Masturbieren lernen sollen – ach nein, Self Sex heißt es jetzt ja –, als könnte man kindliche Sexualität mit der von Erwachsenen vergleichen. Daten, Fakten, Erkenntnisse aus der (Entwicklungs-)Psychologie werden außen vor gelassen – oder vielleicht sogar ignoriert aus lauter Vorfreude auf eine übersexualisierte, in Sexspielchen versunkene und dadurch psychisch und emotional verkümmernde Kinderhorde. Bald gibt es in Spielwarenläden nicht nur Puppen und Autos zu kaufen, sondern auch Sexspielzeuge und Sado-Maso-Geräte für Kinder ab 0 Jahren.

Das Thema „Missbrauch" ist so komplex und wirft so viele Fragen auf, dass es mich wundert, wenn man es vorschnell mit vermeintlichen Lösungen wie Frauenweihe, Ehe für Priester oder eben jetzt mit Sex bei oder mit Kindern vom Tisch wischen will. Dass Eltern hier auf die Barrikaden gehen, leuchtet mir als Mutter völlig ein. Denn man kann kaum noch glauben, dass es hier um das Wohl der Kinder geht, die später eine gute Beziehung als Mutter oder Vater führen wollen; hier werden Kinderherzen zerstört – und damit die Zukunft unseres Landes. Oder die Zukunft der Kirche und der menschlichen Sexualität – je nach Fokus.

Pater, ich vergebe Euch!

Zum Schluss ein Wort zum Scheitern innerhalb der katholischen Kirche: Menschen scheitern ihr Leben lang immer wieder. Menschen scheitern, die die Ehe versprochen haben. Menschen scheitern, die sich liebevoll um ihre Kinder kümmern wollten. Menschen scheitern auch, die sich dafür entschieden hatten, auf die Ehe zu verzichten. Scheitern aber ist kein Grund, zu resignieren oder das Gute zu verwerfen. Wer auf das Scheitern verweist, sollte nie versäumen, die ungleich häufigeren Geschichten menschlicher Stärke und menschlichen Glücks zu erzählen.

Denn trotz manchen Scheiterns bleibt die Ehe die Lebensform, in der Männer und Frauen gemeinsam Erfüllung, Größe und erotische Liebe erfahren. Auch die elterliche Liebe bleibt trotzdem die Beziehungsform zu Kindern, die den kleinen Menschen einen einzigartigen Weg in ein gelingendes Leben eröffnet. Um es einmal biologisch-zeitgeistig auszudrücken: Die Liebesbeziehung der Eltern ist das Reproduktionsbiotop des Menschen. Die Ehelosigkeit bleibt die priesterliche Lebensform schlechthin, weil sie der passende Ausdruck und Lebensrahmen besonderer Berufung und besonderer Nachfolge Christi ist. So richtig begreifen, was ein Priester ist, werden wir wohl erst im Himmel. Das hat schon der heilige Pfarrer von Ars gesagt.

Wir können uns der Bedeutung nur annähern. Schön beschrieben hat der selige Charles de Foucauld den Priester: Er sei eine Monstranz, die sich zurücknehmen müsse, damit man nur Jesus sieht. Der emeritierte Papst Benedikt hat festgestellt, dass der Priester nicht einfach ein Amtsträger ist, der gewisse Funktionen in der Gesellschaft erfüllt. Er tue etwas, das kein Mensch aus sich heraus könne: „Er spricht in Christi Namen das Wort der Vergebung für unsere Sünden und ändert so von Gott her den Zustand unseres Lebens. Er spricht über die Gaben von Brot und Wein die Dankesworte Christi, die Wandlungsworte sind – ihn selbst, den Auferstandenen, sein Fleisch und sein Blut gegenwärtig werden lassen und so die Elemente der Welt verändern: die Welt auf Gott hin aufreißen und mit ihm zusammenfügen." Das Priestertum ist also nicht einfach Amt, sondern lebendiges Sakrament: „Gott bedient sich eines armseligen Menschen, um durch ihn für die Menschen da zu sein und zu handeln. Diese Kühnheit Gottes, der sich Menschen anvertraut, Menschen zutraut, für ihn zu handeln und da zu sein, obwohl er unsere Schwächen kennt – die ist das wirklich Große, das sich im Wort Priestertum verbirgt."

An einer Aufgabe wie der solchen kann man scheitern. Scheitern kann weitreichende Folgen haben; wir müssen Konsequenzen tragen, Strafen abbüßen, vergeben oder um Vergebung bitten, wiedergutmachen, soweit es möglich ist. Daneben lautet die Bot-

schaft unseres Glaubens aber auch: Wenn du schei-
terst, kannst du immer neu anfangen!

Besonders eindrucksvoll finde ich in diesem Zusammenhang die Geschichte von Daniel Pittet, der
schwersten Missbrauch erlitten, seinem Peiniger aber
komplett vergeben hat, heute apostolische Initiativen
in der Kirche verantwortet und aufrecht durchs (neue)
Leben geht.

Das Thema Vergebung ist ein vergessenes Thema in
der Kirche. Christen können für die Opfer beten und
sogar stellvertretend für die Täter um Verzeihung bitten, wie das Evangelium verlangt, einer für den anderen, denn wir sind ein Leib Christi. Jemanden auf dem
Weg zur Vergebung zu begleiten, kann ein fruchtbarer
Liebesdienst sein. Welche Kraft Aussöhnung entfalten
kann, zeigt Pittet in seinem Buch, in dem er sein Mar-
tyrium schonungslos offengelegt hat. Der Titel sagt alles, ist grandios und faszinierend zugleich: „Pater, ich
vergebe Euch."

KAPITEL 7

EINMAL KINDER BITTE!

Im März ging die Nachricht um die Welt, der Vatikan schließe eine Segnung gleichgeschlechtlicher Paare aus. Daraufhin haben sich aus den Reihen der Synodalmitglieder die Ordensleute zusammengetan und eine gemeinsame Erklärung pro Segnung veröffentlicht:

„Wir Ordensleute auf dem Synodalen Weg reihen uns ein in die lange Reihe derer, die entschieden ihre Stimme für die Segnung gleichgeschlechtlicher Partnerschaften erheben und gegen eine diskriminierende und ausgrenzende Sexualmoral. Wir tun dies im Wissen, dass Gott alle Menschen – unabhängig von ihrer geschlechtlichen Identität und ihren individuellen Lebensentwürfen – gleichermaßen liebt und ihnen seinen Segen unterschiedslos zuspricht. Unsere Ordensgründer*innen lehren uns, in der Nachfolge Jesu ausnahmslos alle Menschen zu ehren, ihnen offen und gastlich zu begegnen, sie auf ihrem Lebensweg zu begleiten und ihnen den Segen Gottes als Schwestern und Brüder weiterzusagen. Wir sind berufen, die Liebe Gottes durch unser Leben allen Menschen erfahrbar zu machen. In diesem Sinne werden wir auch weiterhin handeln und uns auf dem Synodalen Weg für angemessene liturgische Formen zur Segnung gleichgeschlechtlicher Paare einsetzen."

Ich war erleichtert, dass nur 2 Stolper-Sternchen im Text vorkamen, und dachte: Ja, Jesus liebt alle und möchte, dass wir einander alle ehren, lieben, akzeptieren. Der Brief zeugt von Empathie und einem liebenden Blick auf andere. Das ist schön, wenn wir bedenken, welche Fehler die Kirche gemacht hat – wir alle, die wir Kirche sind. Ich war gespannt auf die nächste Synodalversammlung im September. So lange musste ich nicht warten. Denn nur drei Monate später, am 10. Juni 2021, haben Priester deutschlandweit gleichgeschlechtliche Paare gesegnet – der römischen Absage zum Trotz.

War das die Antwort der Enttäuschung auf das vatikanische „Nein"? Nicht wenige waren enttäuscht, dass das römische Lehramt für die Kirche keine Vollmacht erkennt, eine liturgische Segnung gleichgeschlechtlicher Partnerschaften zu ermöglichen. Aber bevor man Papst Franziskus und der Kirche Hartherzigkeit und Intoleranz unterstellt, sind wir eingeladen, die Gründe für diese Entscheidung zu betrachten.

Anders als viele Gruppen der Gesellschaft sieht die katholische Kirche, wie auch Islam und Judentum, in einer gleichgeschlechtlichen Verbindung keine Ehe. Eine Ehe im christlichen Sinn bedeutet eine lebenslange Verbindung von Mann und Frau, die auf eine natürliche Nachkommenschaft ausgelegt ist.

Eine Verbindung von Mann-Mann oder Frau-Frau ist für die Kirche keine Ehe, sondern eine Freundschaft – mit Elementen, die auch für eine Ehe charakteristisch sind: Nähe, Vertrauen, Liebe, Hingabe. Das ist nicht wenig und Papst Franziskus hat ausdrücklich gutgeheißen, wenn der Staat für Menschen in dieser Situation Rechtsformen schafft, die der Sorge füreinander und der wechselseitigen Absicherung einen guten Rahmen geben. Freundschaft ist also okay und übrigens auch eine Grundkategorie der Bibel, aber nach christlichem Verständnis – das Judentum und Islam teilen – gehört ausgelebte Sexualität nur in die Ehe zwischen Mann und Frau. Das soll mit dem Synodalen Weg geändert werden, aber bleiben wir jetzt mal bei der weltkirchlichen Sicht auf die Dinge:

Gesegnet werden kann jeder. Und jeder kann segnen, egal, ob Christ oder nicht. Segnen ist auch etwas Gutes. Das lateinische Wort für Segen ist benedicere. Das bedeutet „Gutes zusagen", etwas von Gott her in einen guten Zusammenhang stellen. Wenn man ein Auto segnet, betet man zu Gott, dass man vor einem Unfall bewahrt bleibt. Nun sind „Ringe" aber keine unspezifischen Metalldinger – sie sind ein Symbol. Sie stehen für etwas Geistiges. Im Christentum stehen Ringe für die unauflösliche Ehe zwischen Mann und Frau.

Zudem handelt es sich beim Ehe-Segen nicht um einen einzelnen Segen für einen Ring oder für eine einzelne Person. Bei der Ehe werden zwei Personen gesegnet plus die Verbindung zwischen beiden, ihr ganzes Zusammenleben in allen Dimensionen wie Liebe, Treue und Fruchtbarkeit, wie es in der Bibel heißt. Die Komplementarität und Geschlechtlichkeit von Mann und Frau durchzieht die Bibel wie ein roter Faden. Dagegen kennt sie in sexueller Hinsicht keine sich selbst genügenden Frauen- und Männerwelten.

Wenn nun ein Pfarrer ein gleichgeschlechtliches Paar (und deren Ringe) segnet, suggeriert er: Aha, der Pfarrer hat die „Ehe" der beiden besiegelt. Es *ist* aber keine Ehe. Hier haben wir dann die Verwirrung. Wenn wir segnen, was keine Ehe ist, oder sagen, man könne außereheliche geschlechtliche Beziehungen segnen wie im Trauritus, dann würde die Kirche ihre Sakramentalität aufgeben und damit ihr eigentliches Wesen. Darum ist es nur folgerichtig, wenn der Papst wie ein Fels in der Brandung sagt: Das lasst mal bitte, Freunde.

Was wir brauchen, ist ein echtes Verständnis der Ehe als Sakrament, damit die Menschen überhaupt begreifen, warum die Kirche das gleichgeschlechtliche Paar und dessen Verbindung nicht segnen kann, wohl aber die Einzelperson.

Die Kirche will niemanden ungerecht zurücksetzen, sondern die christliche Ehe stärken. Eine gleichgeschlechtliche Verbindung ist nach dem Verständnis aller drei Weltreligionen keine Ehe und darf auch nicht den Anschein einer Ehe bekommen. Hier nimmt die Kirche die Gebote Gottes ernst, die zu allen Zeiten und unabhängig von zeitgeistlichen Forderungen gelten. Die Kirche lebt schließlich von Voraussetzungen, die sie sich nicht selbst gegeben hat. Das ist zunächst einmal etwas, das wir akzeptieren müssen. Dass wir als Kirche daneben eine liebevollere Zuwendung zu Menschen mit anderen sexuellen Orientierungen lernen müssen, ist klar. Denn zuerst kommt immer der Mensch, danach der Sex.

Wenn wir jetzt überlegen, was es bedeutet, dass die Kirche die Fruchtbarkeit von Mann und Frau als essentiell für eine Ehe betrachtet, dann stellen wir fest: Es bedeutet den Erhalt der Menschheit, wie Gott es gedacht hat. Im ersten Schöpfungsbericht lesen wir, dass Gott den Menschen (= Adam) geschaffen hat. Hier ist gar nicht die Rede vom Mann. Das kommt erst im zweiten Schöpfungsbericht; Gott erschafft Mann und Frau. Und zwar nicht zur gegenseitigen Unterhaltung, sondern damit sich die Menschen vermehren und Gott mit dem Menschen in die Geschichte hineinwirken kann. Er hat sie geschaffen mit vielen Dimensionen ihres Zusammenlebens: Liebe, Treue, der Freude aneinander und der Weitergabe des Lebens in ihren eigenen Kindern.

Maßgeschneidert: Baby frisch aus dem Labor

Zwei Männer oder zwei Frauen können auf natürliche Weise kein Kind zeugen. Gleichgeschlechtliche Paare können Kinder nur adoptieren oder im Reagenzglas herstellen lassen. Hier kann die Kirche nicht mitgehen. Warum? Weil es in der Adoptionsfrage nicht darum gehen kann, allen denkbar Interessierten Zugriffsrechte zu gewähren, sondern einzig und allein um das Wohl des Kindes und um die Frage, wie ein verwaistes Kind unter Bedingungen aufwachsen kann, die so natürlich und perfekt wie möglich seinen ökologischen Bedürfnissen entsprechen. Gerecht ist das, was dem Kind am meisten nützt. Das ist das entscheidende Kriterium.

Aus Sicht der Kirche stellt sich außerdem das Problem, wo das Kind herkommen soll. Sie unterstützt den von Gott gegebenen natürlichen Weg. Heutzutage kann man sich sogar die subjektiv gesehen besten Gene aus einer Samen- und Ei-Bank holen, von einem unbekannten Mann Y und einer unbekannten Frau X, man lässt sie im Labor im Reagenzglas verschmelzen, pflanzt die Zellen in die Gebärmutter einer Inderin, schickt das fertige Baby-Produkt nach Deutschland zurück zum gleichgeschlechtlichen Paar – in der Hoffnung, dass das Endprodukt dessen Vorstellungen auch entspricht und nicht retour muss. Es ist ja schon vorgekommen, dass eine Frau, die ein Baby hat designen lassen, dieses nicht annehmen wollte, weil sie es zu hässlich fand. Vielleicht sollte man von solch herzustellenden Babys Kataloge führen mit Nummern und Eigenschaften, je nach Genen. Organe kaufen ist illegal, aber Kinder kaufen ist legal?

Und wer ist nach dieser Baby-Herstellungs-Odyssee dann eigentlich Vater und Mutter? Zugegeben, der Wunsch nach Kindern ist so existenziell wie Hunger und Durst. Aber hat man überhaupt ein Recht auf Kinder, als könnte man sie einfach bestellen wie Kleider im Katalog – einmal Kinder bitte? Dazu kommen wir gleich zu sprechen. Rechtfertigt der Wunsch die Tatsache, dass Rechte und Leid der Kinder unter den Teppich gekehrt werden? Wer erklärt ihnen, wo sie herkommen, wer der Vater oder die Mutter ist, dass sie drei „Mütter" haben? Wer hilft ihnen, ihre Identität zu finden, wenn sie die Wurzeln vielleicht nie kennenlernen werden können?

Wenn ich so weiterdenke, frage ich mich, wozu das führt, wenn wir als Kirche nun auch beginnen, die Ehe umzudefinieren. Ich kann mir gut vorstellen, dass wir uns im weiteren Schritt nicht scheuen werden, weitere Neu-Interpretationen zu wagen – je nach Bedarf und weil der Druck von Gesellschaft und Politik auf die Kirche enorm geworden ist. Unter der Prämisse von Modernität, Glaubwürdigkeit und Liebe soll sie möglichst modern werden. Aber was „modern" genau ist, haben wir nie definiert.

Und dann: Warum finden die Kinder und deren Wohl in den Debatten um das Adoptionsrecht kaum

Erwähnung? Und was kommt als Nächstes? Seitensprünge und zurück? Viel-Ehe mit Gruppensex? Ehe auf Bestellung und Zeit? Kinderhaben auf Probe? Läden, in denen Menschenmuster in Schaukästen ausgestellt sind, die man je nach Gusto auswählen und sie dann produzieren lassen kann?

Wer weiß schon, dass weltweit Zigtausende von im Labor hergestellten Embryonen in Tiefkühltruhen vor sich hin vegetieren, bis sie irgendwann endgültig vernichtet werden. Oder bis einige wenige von ihnen dank Initiativen wie „Snowflake"[23] adoptiert werden, dann vielleicht das Glück haben, fünf oder acht oder zwölf Jahre später aufgetaut und in eine Frau eingepflanzt zu werden und, wenn alles gut läuft, auf die Welt zu kommen.

Tiefste Sehnsucht von Kindern

Wenn Kirche über Änderungen auf dem weiten Gebiet der Sexualität sucht, dann muss sie all das, was auf diesem breiten Feld passiert, genau anschauen – denn die Aufgabe der Kirche ist es, die Würde einen jeden Einzelnen von uns Menschen immer zu schützen, vor allem auch die Würde der Allerkleinsten. Wir sehen ja aufgrund der hohen Abtreibungszahlen, was passiert, wenn im Leben der Menschen der Stärkere entscheiden darf, wer leben darf und wer nicht. Ich komme an dieser Stelle nicht umhin, darauf hinzuweisen,

dass mittlerweile eine Selektion stattfindet – ob im Labor oder im Mutterleib und dass beispielsweise neun
von zehn Kindern mit der Diagnose Downsyndrom
abgetrieben werden.

Grundsätzlich gesprochen, ist es legitim, sich Kinder zu wünschen, eine Offenheit für Kinder entspricht
dem Schöpferwillen Jesu. Aber die Grenze ist dort, wo
man anfängt, sich das Leben selber zu erschaffen, weil
man keine Kinder zeugen kann, sie womöglich noch
nach Gutdünken maßzuschneidern – und über alldem Gottes Heils- und Liebesplan für den Menschen
zu vergessen.

Kinder sind ein Geschenk Gottes. Die Frage nach
dem Wohl der Kinder müsste an erster Stelle stehen.
Das natürliche Bedürfnis nach der Urfamilie mit Vater und Mutter muss an erster Stelle stehen. Alle anderen Formen der SOS-Familie bis hin zu Verwand-
ten, die ein Kind adoptieren, sind Derivate. Sicher ist
die Gesellschaft pluraler geworden. Das bedeutet aber
nicht, dass man deswegen neue Familienmodelle zu
Leitbildern erheben muss. Das ist auch nicht folgerichtig. 75 Prozent der Kinder leben einer Shellstudie
zufolge bei den leiblichen Eltern. 100 Prozent der Kinder sind in ihrer Identitätsentwicklung auf Vater und
Mutter bezogen. Das zeigt, dass das mediale Bild der
sozialen Wirklichkeit widerspricht: Kinder wünschten sich eine stabile Familie mit Vater und Mutter,
es sei geradezu ihre tiefste Sehnsucht, sagt der Fach-
arzt für Psychiatrie und Psychotherapie, Dr. Christi-

an Spaemann. Einem Kind, das unter dem Verlust eines Elternteils leidet oder darunter, dass er einen Elternteil nie kennenlernen durfte und seine Identität oft vergeblich sucht, ist mit einem neuen Leitbild für Ehen und Familien nicht geholfen. Das ist purer Euphemismus. Wenn schon Vater und Mutter ausfallen müssen, dann muss das Ziel sein, Kindern Vater und Mutter anzubieten. Solange ich ein Kind in die Obhut einer Mann-Frau-Verbindung geben kann, muss ich es tun. Aus Gründen des Kindeswohls.

Apropos: Wenn man Texte zu Ehe, Priestertum und Zölibat von Johannes Paul II. und Papst Benedikt liest, die Geschlechtlichkeit in einen sakramentalen Gesamtzusammenhang stellen und auf neuesten wissenschaftlichen Erkenntnissen über die Lebensweisen junger Menschen basieren, stellt man fest: Ein erfülltes Leben innerhalb der Schöpfungsordnung deckt sich mit den empirischen Erkenntnissen zu glücklichen, qualitätsvollen und dauerhaften Ehen. Gott hat diese Lebensweisen gestiftet, hat sie so gewollt und ist in ihrer Mitte lebendig gegenwärtig.

Und dann ist noch interessant, was man in instabilen Familien immer wieder beobachtet: Sie sind nicht nur anfälliger für psychosoziale Konflikte. Laut Spaemann werde oft versucht, das einfache, stabile und traditionelle Familienbild auf die eine oder andere Weise zu rekonstruieren oder nachzuahmen durch Ersatzmamis oder -papis. Und hier sehen wir doch, was der Wegweiser in eine gesunde Gesellschaft ist.

KAPITEL 8

KIRCHLICHE EXOTENLUFT

Der lehramtstreue Katholik als Exot: Schönes Bild! Auf der Regionalkonferenz des Synodalen Weges in München kam eine junge, braunhaarige Journalistin in enger schwarzer Jeans auf mich zu, wie ein Model. Sie lächelte, ließ Mikro und Kamera ordentlich positionieren und platzte mit der Frage heraus, ob ich mich wie ein Exot fühlen würde auf dem Synodalen Weg mit meiner Begeisterung über die Kirche. Ich versuchte, das kecke Lächeln zu ergründen, und fragte mich, ob die um mich herumlaufenden Synodalen lange Ohren bekämen. Mir fiel ein Satz ein, den ich 2018 in einem Artikel der NZZ online gelesen hatte: „Besser ein Exot als gar kein Baum …"

Auf die katholische Kirche bezogen, könnte es heißen: „Besser ein Exot als gar kein Katholik" oder „besser ein Katholik als keiner". Exotisch ist etwas Besonderes, etwas, das man nicht jeden Tag sieht und entsprechende Aufmerksamkeit auf sich ziehen kann. Ein Exot kann wie ein Außenseiter wirken, aber auch im positiven Sinn außergewöhnlich sein.

Natürlich fühle ich mich nicht exotisch. Ich bilde die Weltkirche ab. Ich weiß um die vielen Tausend und

Millionen Katholiken, die Jesus lieben, verehren, anbeten, alle Kraft aus dem Glauben schöpfen. Dieser Glaube führt in die Faszination über Liebe, Wahrheit und Schönheit und verbindet mit dem ganz Anderen, bringt eine Freude und einen Frieden mit sich, die unbeschreiblich sind und ein Stück Paradies hier auf Erden erahnen lassen. Und das machen viele Katholiken sichtbar. Wie faszinierte Johannes Paul II. gerade mit seiner entschiedenen Christusnachfolge, mit seiner Liebe zum Herrn!

Weder butterweiche Polster-Lehren der Kirche noch niedergerissene Grenzen oder eine Moral, die keine mehr ist, sind wirklich anziehend, jedenfalls nicht freiwillig. Was fasziniert, sind Ordnung, Klarheit, Reinheit und die tiefe, echte Liebe, die nur in Christus zu finden ist. Aber ja: Sie berührt auch unsere Wunden und setzt den Spot genau auf unsere Schwachstellen und Sünden. Das ist unangenehm. Man kann fliehen oder sich dem stellen. Die scheinbar einfachste Weise, um mit den dunklen Stellen der Seele fertigzuwerden, ist die, den moralischen Maßstab tiefer zu setzen. Aber im Evangelium steht an keiner Stelle, man solle Jesu Kirche nach Belieben ändern oder Jesu Leben umschreiben, sollte die Nachfolge zu lästig werden. Jesus erklärt die Nachfolge, die immer freiwillig ist, so: Wer mein Jünger sein *will*, der verleugne sich selbst, nehme sein Kreuz auf sich und folge *mir* nach (Mt 16,24) – nicht irgendwelchen Wünschen, Ideologien oder dem Massenwahnsinn, die anstelle von Jesus zur Wahrheit erhoben werden.

Der Relativismus, der in der Kirche längst Fuß gefasst hat, lässt letztlich nur das eigene Ich und dessen Begehrlichkeiten gelten. Da wundert es nicht, wenn Benediktinerin Philippa Rath auf der Regionalkonferenz berichtet, die meisten ihrer Mitschwestern hätten während der Corona-Zeit die tägliche Eucharistie überhaupt nicht vermisst, dafür aber das Stundengebet vertieft. Das Stundengebet ist etwas sehr Wertvolles; durch dieses Gebet ist man mit Christen auf der ganzen Welt verbunden, mit der gesamten Kirche. Dennoch glaube ich, dass vor allem die Feier von Jesu Tod und Auferstehung, die wir in jeder heiligen Messe real und neu erleben, „Quelle und Höhepunkt des ganzen christlichen Lebens" ist, wie das Konzil uns lehrt[24] (LG 11).

Das Maß der Christen ist Christus, er ist das wahre Maß des Humanismus, der auf dem Synodalen Weg so hochgehalten wird. Und wer hier ist eigentlich exotisch: die Mehrheit des Synodalen Weges, die die Kirche auf eine neue Grundlage stellen will, oder die Katholiken, für die Mission und ein klar auf Jesus und seine Lehre gründender Glaube das Fundament sind? Auch die Mehrheit des Synodalen Weges bildet nur einen Teil der Katholiken weltweit ab. Würden diese Synodalen am Adoratio-Kongress oder dem Forum Altötting teilnehmen, dann wären sie vielleicht dort in der Minderheit und würden sich über die Freude, Gelassenheit, Geschwisterlichkeit nur wundern, sich vielleicht sogar unwohl fühlen – diesmal wären sie die Exoten. Und letztlich war auch Christus ein Exot, ein Nonkonformist. Er hatte kein Geld und keinen Lehr-Ort, wie es üblich war für Rabbis, sondern er wanderte umher. Er hatte kein Kopfkissen, auf das er sein Haupt hätte legen können, predigte die Liebe und Barmherzigkeit, statt immer den Zeigefinger zu heben, er fiel mit seiner Art zu reden, zu leben und zu lieben aus dem Rahmen. Wer ihn nicht liebte und als Gott erkannte, der gängelte ihn, hasste ihn, geißelte ihn, schlug ihn ans Kreuz.

Jesus war natürlich eine Herausforderung, er ist es und wird es immer sein. Ihm nachzufolgen, ist nicht immer einfach, Glauben und Vertrauen sind nicht immer leicht. Selbst wenn man die Lehre der Kirche ändert, Jesus und seine Botschaft bleiben immer gleich. Mein Vorschlag an die Synodalversammlung: Kommt mal zum Forum Altötting, nehmt teil an einem Prayerfestival, an Night Fever, am Adoratio-Kongress und schnuppert doch mal Exotenluft. Vielleicht bekommt die euch gar nicht so schlecht.

KAPITEL 9

DA WAREN'S NUR NOCH ...

Natürlich brauchen wir Reformen, aber bitte die richtigen! Einige Bischöfe wollen keine Reformen, mit denen man quasi neben die Fußstapfen Jesu eine neue Fußspur legt und der Wegweiser die eigenen Interessen sind. Auftrag der Bischöfe ist es nicht, eigene Meinungen und Interessen zu lehren, sondern – um mit dem Apostel Paulus zu sprechen – sie dürfen nur das lehren, was sie auch empfangen haben. Jesus selbst weist darauf hin, dass seine Lehre nicht von ihm stamme, sondern von dem, der ihn gesandt habe (vgl. Joh 7,16). Seine Gedanken sind nicht unsere Gedanken, Seine Wege sind nicht unsere Wege (vgl. Jes 55,8).

Es schmeichelt natürlich, wenn man sich einredet, dass alles irgendwie okay ist und der Zeitgeist einem nun einmal sagt, wo es langgehen muss. Aber das Einfachere ist nicht immer das Bessere. Runter ist immer leichter als rauf. Neben der Änderung von Strukturen sollen vor allem viele Schranken und Gewissheiten aufgehoben werden auf dem Synodalen Weg – um des leichteren, gefälligeren Weges willen. Hat nicht Dietrich Bonhoeffer gesagt: „Billige Gnade ist der Todfeind unserer Kirche"?

Zudem frage ich mich immer wieder, ob das, was wir tun und ändern wollen, etwas ist, das wir auf Jesus zurückleiten können? Wenn er wahrer Mensch und wahrer Gott ist, seine Worte wahr sind: Können wir davon abweichen? Zudem ist die Frage aller Fragen doch: Bleiben wir am Kern oder nicht?

Wenn dem Papst pauschal Bosheit und Kaltherzigkeit unterstellt wird, wenn die katholische Lehre als überholt abgestempelt wird und die Strukturen als veraltet angesehen werden – haben wir uns dann nicht schon vom Kern entfernt? Wir sehen das Problem dann auch beim Papst; den Balken im Auge des anderen zu sehen, darin sind wir Menschen echte Champions. Aber „der Mensch, der es unternimmt, andere zu bessern, verschwendet seine Zeit, wenn er nicht bei sich selbst beginnt", sagte Ignatius von Loyola. Demnach wäre der Synodale Weg Zeitverschwendung. Die wahren Probleme werden nicht angegangen. Weltweit, vor allem in anderen Kulturen als der unsrigen, werden Frauen aufs Schwerste diskriminiert, werden Christen grausam verfolgt, leben Menschen in größter Armut, ohne Perspektive und Hoffnung. Und wir streiten über Sexualität, die (Un-)Möglichkeit der Frauenweihe, den Zölibat und beschäftigen uns sogar mit Gender-Sternchen.

Aus der großen, weiten katholischen Kirchenwelt melden sich Bischofe seit Beginn des Synodalen Weges und mahnen ihre deutschen Mitbrüder im Bischofsamt, Jesus doch im Boot zu lassen. Samuel J.

Aquila, der Erzbischof von Denver (USA), erinnerte in seinem offenen Brief an die deutschen Bischöfe an die apostolische Autorität, die als „ein Anteil an der Autorität des Herrn Jesus Christus" verstanden werden muss, der die Wahrheit ist (siehe Joh 14,6). Warum sollte es Jesu Nachfolgern anders ergehen als Jesus selber? Jeder Nachfolger der Apostel müsse der Versuchung widerstehen, die „törichten Propheten, die nur ihrem eigenen Geist folgen", in der Zeit Ezechiels nachzuahmen und ihre eigenen Meinungen und Ideen voranzubringen (Ez 13,3). „Jeder Nachfolger der Apostel muss auch der Versuchung widerstehen, die Propheten und Priester in der Zeit Jeremias nachzuahmen, die ihre Lehre an den Vorlieben des Volkes angepasst haben (Jer 5,30–31)." Hirten müssten die Ersten sein, die „umkehren und glauben". Das ist unmissverständlich. Nur hat die Vergangenheit gezeigt, dass Worte und Aussagen von Kritikern so interpretiert oder zurechtgebogen werden, dass sie ins eigene Kirchen- und Meinungsbild passen. Wenn wir Kirche nicht auf Jesus bauen, sondern auf eigenen Vorstellungen, bauen wir auf Sand. Dann wäre es nur eine Frage der Zeit, wann dieses Kirchenhaus einstürzt.

Wir können nicht davon ausgehen, dass wir die Lösung aller kirchlichen Probleme mit der deutschen Luft einatmen. Ein Feuerwerk der Champagnergläser gibt es erst, wenn wir als Weltkirche den Glauben wieder in Einheit und in so großer Freude leben, dass Menschen sagen, sie wollten auch haben, was wir haben. Wenn die Kirche auf die synodal-deutsche Manier modernisiert ist, werden Menschen vielleicht kommen; die Frage ist nur, ob sie kommen werden, um Jesus zu begegnen, oder um Frauen am Altar zu beglückwünschen oder zu bewundern oder sich in der neo-katholischen Sexual(irr)lehre auszutoben. Wahre Einheit entsteht „nur dadurch, dass wir den Blick auf Gott richten, nur dadurch, dass wir uns ihm öffnen"[25] (Papst Benedikt, Petersdom, 2005).

Der Supergau – wo es wirklich brennt

Im Übrigen lässt es sich empirisch überhaupt nicht belegen, dass Menschen wegen einer überholten katholischen Lehre der Kirche der Rücken kehren. Die evangelischen Christen haben in den vergangenen Jahrzehnten zwei Millionen mehr Gläubige verloren als die Katholiken, obwohl die Protestanten alles schon durchexerziert haben; sie haben Frauenpriester, verheiratete Priester, gleichgeschlechtliche Priester(innen)-Paare und keine verbindliche Sexualmoral. Eigentlich darf jeder so leben, wie er will. Klingt nach Freiheit, ist aber keine, weil man sich als Mensch zu leicht versklaven lässt von – ach allem.

Wenn wir nun Austrittszahlen in Relation setzen, stellen wir fest, dass sich das Betreuungsverhältnis von „aktiven" Priestern zu „aktiven" Gläubigen seit 1950 fast verdoppelt hat. Im Schnitt muss jeder Gläubige 3,5

Kilometer zurücklegen, um einen Priester zu sehen. Der Aktionsradius von Rettungswagen liegt mit fünf Kilometern dagegen über dem des Priesters. Damit hätten wir doch den Supergau in der Medizin, nicht in der katholischen Kirche.

Das Problem sind also nicht die Austrittszahlen, sondern unsere Prioritäten. Wo es wirklich brennt, ist eine mangelnde Vertiefung des Glaubens, mangelndes Gottvertrauen und fehlendes Glaubenswissen. Und die Bereitschaft, sich selber auch mal zu hinterfragen. Für John Henry Newman war aber genau das der Grundansatz jeder Reform: „Herr, erneuere deine Kirche und fang bei mir an!" By the way: Er war es auch, der fand, es müsse Laien geben, die „nicht arrogant, nicht vorlaut, nicht streitsüchtig" sind, „sondern die ihre Religion kennen, die sich auf sie einlassen, die ihren eigenen Standpunkt kennen, die wissen, woran sie festhalten und was sie unterlassen, die ihr Glaubensbekenntnis so gut kennen, dass sie darüber Rechenschaft ablegen können, die über so viel geschichtliches Wissen verfügen, dass sie ihre Religion zu verteidigen wissen".

Der Religionssoziologe Michael Ebertz sagte schon vor 20 Jahren, dass das Glaubenswissen eines Katholiken dem eines achtjährigen Kindes entspricht. Also, wenn man an Strukturen drehen soll, dann an denen, die Glauben vermitteln: Alphakurse, bessere Vorbereitung auf Taufe, Beichte, Erstkommunion, Firmung, Ehe, Vermittlung von Glauben, und es braucht – wie auch der nun emeritierte Papst Benedikt immer an- mahnte – gläubige fromme Theologieprofessoren, die die kommenden Generationen unterrichten. Zu- erst müssen wir zurück zu Jesus, denn ohne ihn gibt es keine Wahrheit, keine Demut, keine Orientierung, keine lebendige Kirche – höchstens einen Verein, der in viele Meinungen zerfällt.

Heilige gehören auch zur katholischen Kirche. Ich fände es schön, wenn wir sie mehr mit einbeziehen würden. Heilige sind auch nicht stockkonservativ, wie gemeinhin geglaubt wird. Was wirklich konservativ ist, ist die Strategie des Synodalen Weges; der greift zwar durchaus echte Anliegen der Kirche auf, echte Erneuerung aber muss von innen kommen.

Außerdem: Was bringen diese hakeligen strategi- schen Kämpfchen um die immer gleichen kirchenpoli- tischen Schubladen, während draußen die Welt vor die Hunde geht? Manchmal reibe ich mir die Augen und denke: Bist du hier im Bundestag oder geht es hier noch um die Menschen, für die wir Kirche sein sollen? Dieses Gefühl hatte wohl auch Papst Franziskus, wenn er sich – wie mehrfach geschehen – an die katholi- sche Kirche in Deutschland wandte: Hallo, Freunde, wo bleibt die spirituelle Erneuerung?! Darum muss es gehen: um die Freude an der Evangelisierung in der Gemeinschaft mit der Weltkirche.

In der Vatikanischen Instruktion „Die pastora- le Umkehr der Pfarrgemeinde", die weltweit für alle katholischen Kirchen gilt, heißt es: „Die Reform der

Strukturen, die die Pfarrei anstreben muss, bedarf zunächst einer Mentalitätsänderung und einer inneren Erneuerung, vor allem derer, die in die Verantwortung der pastoralen Leitung berufen worden sind." Wenn wir im Großen Dinge ändern wollen, müssen wir im Kleinen anfangen, in unsern Herzen – ganz nach dem biblischen Motto: Neuer Wein gehört in neue Schläuche.

Wenn man dem heiligen Pfarrer von Ars Glauben schenken will, dann könnte uns auf den letzten Metern des Lebens die Kraft ausgehen, um noch an uns zu feilen. „Wir schieben unsere Bekehrung bis zum Sterben auf", sagte dieser Heilige.

Aber nicht nur Heilige haben Kluges gesagt. Harald Schmidt hatte von einem Urologen gehört, auf dem Sterbebett würden alle katholisch. Schmidt gab dem Urologen Recht. Er habe dieselbe Erfahrung im Zivildienst in einer Pfarrei gemacht. Und der deutsche Dichter Heinrich Heine wusste, wie furchtbar Menschen es finden, wenn man sich für diesen Gott entscheidet. Heine habe mit dem Schöpfer Frieden geschlossen, sich dadurch Freunde zu Feinden gemacht, die meinten, er sei einem Aberglauben verfallen, einer Sekte oder so. Dabei wollte er einfach nur nicht mehr Schweine hüten bei den Hegelianern, wie der verlorene Sohn …

Es muss ja etwas enorm Anrüchiges an sich haben, so eine Freundschaft mit dem lieben Gott. Irgendwie gefährlich muss es sein. Was für eine Liebe ist es wohl, vor der so viele zurückschrecken – sogar Katholiken selbst? Ich glaube, ich weiß es: Es ist das „Dein Wille geschehe". Wir Menschen brauchen Zeit, um diesen Satz zu verdauen, uns an Jesus heranzuwagen oder eher ihn an uns heranzulassen und die Erfahrung zu machen, dass er uns ja gar nicht versklaven will. Je mehr man ihn kennenlernt, desto mehr schmilzt die Angst vor seinem Willen. Das können wir ganz eindrücklich an den Heiligen beobachten wie einem Johannes Paul II., einem Franz von Assisi, einer Katharina von Siena, einem Don Bosco oder einer Mutter Teresa. Und der emeritierte Papst Benedikt wird sicher auch zum Kirchenvater erhoben!

All diese und viele andere heilige Menschen haben gezeigt, was wirklich anziehend und faszinierend ist: die Botschaft Jesu. Nicht mehr, nicht weniger haben sie verkündet und gelebt. Heißt im Klartext: Es geht hier nicht um mich, um mich als Kirche in Selbstbeschäftigung, sondern darum, was der Mittelpunkt von meinem Denken und Handeln sein soll. Schon Kardinal Bergoglio hat vor seiner Wahl zum Papst gesagt: Wenn die Kirche nicht „aus sich selbst heraustritt zur Evangelisierung, kümmert sie sich nur um sich selbst und wird dann krank … Die Krankheiten, die sich im Laufe der Zeit in den kirchlichen Institutionen entwickelt haben, haben ihre Wurzeln in dieser Selbstbezogenheit."

Das spüren Menschen, vor allem junge! Sie haben keine Lust, sich mit Gremienthemen auseinanderzusetzen. Die Kirche ist kein Unternehmen, das sein Angebot der Nachfrage anpasst. Dazu hatte der emeritierte Papst Benedikt XVI. bereits als Kardinal gesagt, dass das „bloße Zugeständnis an die Zeit, die bloße Modernisierung … immer falsche Erneuerung" sei. Im ersten Moment wecke sie Begeisterung, erweise sich dann aber als sehr trügerisch, „denn in der Konkurrenz der Modernisierungen wird die Kirche nie den ersten Platz erringen können"[25] (Ratzinger, 2010, S. 259/260). Es ist nicht Aufgabe der Kirche, das Anstößige des Evangeliums zu verschweigen, Ansprüche zu relativieren und sich so „normal" wie möglich zu präsentieren, sondern die Kirche hat die Aufgabe, Glaube, Liebe und Hoffnung zu verbreiten, das Evangelium zu verkünden und uns dabei zu unterstützen, zum Beispiel auch, indem sie uns die Sakramente spendet.

Aber das klingt wohl zu …, sagen wir: heilig. Nur, was haben wir künftig zu erwarten, wenn Katholiken vor Heiligkeit fliehen wie der Teufel vor dem Weihwasser? Dass bei zu viel Heiligkeit auf dem Synodalen Weg zu viele Heiligenscheine gegeneinanderstoßen und es zu Kollateralschäden kommen wird, das bezweifle ich.

Ich fürchte vielmehr, dass, wenn Menschen nichts mehr vom echten Glauben erfahren, nicht hören, warum es sich lohnt, Christ zu sein; dass Christus dann für jeden von uns, für Sie und für mich, gestorben ist

– ganz real ... und dass wir dann noch mehr Austritte haben werden.

Ich gotte, du gottest, er gottet ...

Ich habe eine Bekannte, die richtig weinen musste, als sie als Muslimin beim Lesen des Neuen Testaments bei der Kreuzigung Jesu ankam. Sie konnte nicht weiterlesen, so sehr schmerzte sie der Tod eines wunderbaren jungen Mannes, der doch nur geliebt hat. Einfach nur geliebt. Und dann muss er in den Tod, um uns, mich, Sie, zu retten. Jesus sei gerade für sie gestorben, sagte sie unter Tränen, das sei so schrecklich. Sie wusste noch nicht, dass die Geschichte noch ein geniales Ende nehmen würde.

Heute ist sie eine überzeugte und mutige Christin, von der wir Synodalen viel lernen können. Sie versteht nicht, warum Christen auch auf dem Synodalen Weg ihr Licht unter den Scheffel stellen, statt laut in die Welt zu rufen, dass da jemand ist, der für jeden persönlich gekommen und gestorben ist und jeden persönlich liebt. Wie unbegreiflich das für viele ist, zeigte sich bei einem der sogenannten Online-Hearings des BDKJ zum Synodalen Weg. Da sprach ein Christ sogar von Gott als Verb. Ich gotte, du gottest, er gottet ... Herrlich! Bevor ich beginnen konnte, diese Idee weiterzudenken, korrigierte sie jemand im Chat und wischte sie aus unseren Hirnen: „Dass Gott ein Verb ist, ist grammatikalisch falsch!"

Wie auch immer, wenn man nicht glauben kann, dass Gott eine Person ist, ein Jemand, der uns persönlich liebt, sondern nur ein Verb ist, also ein lebloses Wort, dann ist Gott weniger als wir, die wir Personen sind – er ist ja nur ein Tätigkeitswort. Und Jesus kann dann nicht lebendig und auch nicht der Sohn Gottes gewesen sein. Dann ist der Glaube leblos und macht wirklich wenig Sinn. Wenn dem so wäre, könnten wir tatsächlich nur über Strukturen reden und uns eine Kirche basteln, wie sie uns gefällt, widdewiddewit …, denn dann gibt es ja keine Kirche, keine mit Verpflichtung und Stifterwillen und solchen Dingen, an die man sich halten muss. Dann hätten wir freie Fahrt. Wenn Gott nur ein Verb ist und ich gotten kann, bin ich selber irgendwie göttlich – bzw. erhebe ich mich zu einem Gott oder über Gott.

Dieses göttliche Verb ist jedenfalls für viele eine Art Realität. So sieht es die konvertierte Muslimin. Sie denkt, dass der Glaube für viele Christen reine Theorie sein muss. Man zahlt eben die Kirchensteuer, geht zu Ostern und Weihnachten in die Kirche und damit genug. Im Alltag hat Gott bei vielen nichts mehr zu suchen.

Er könnte ja alles durcheinanderbringen. Wie Pumuckl. Nun ist Gott aber nicht Pumuckl, auch wenn er das Leben gründlich auf den Kopf stellen kann. Er kann schwer zu verstehen und zu begreifen sein und uns wirklich vor gründliche Rätsel stellen, sodass der Glaube nur noch an einem seidenen Faden hängt. Aber hier beginnt Glaube! Hier können wir lernen, trotz oder gerade aufgrund aller temporären Schwierigkeiten zu vertrauen und zu glauben. Wenn wir das alle richtig gut könnten, dann würden wir auch mehr brennen. Aber die Quelle des Glaubens scheint versiegt und muss wieder erschlossen werden.

Das ist das, was Papst Franziskus mit Neuevangelisierung meint. Evangelisierung führt uns dazu, die Freude am Evangelium wiederzugewinnen, die Freude, Christen zu sein.

Es ist ja oft so, dass, wer den Glauben von der Pieke auf mitbekommt, irgendwie nicht sehr begeistert von diesem Glauben ist und diesen Jesus kaum kennt, sondern den Glauben von Regeln her definiert. Diese Tatsache wäre mal eine wissenschaftliche Untersuchung wert! Diese zum katholischen Glauben konvertierte Muslimin weiß heute jedenfalls mehr über den Glauben und die kirchliche Lehre als viele (Taufpapier)-Christen.

Glaubenswissen vom Aussterben bedroht

Jährlich lesen wir in den Medien, dass Menschen nicht mehr wissen, warum und was wir eigentlich an Pfingsten oder Weihnachten feiern. Bei Christi Himmelfahrt und Fronleichnam hört es dann ganz auf. Und wer kennt noch das Vaterunser? Naja, vielleicht noch. Aber das Glaubensbekenntnis? Da können wir froh sein, dass (auch nicht katholische) Journalisten heute die Aufgabe von uns Christen übernehmen und zu den Festtagen immer häufiger zumindest über die kirchlichen Feste aufklären, damit das Wissen unserer christlich-abendländischen Kultur nicht völlig ausstirbt. Zeit für Schlagzeilen wie: Christliches Glaubenswissen vom Aussterben bedroht! Jedes seltene Tier wird geschützt, unsere Wurzeln aber schneiden wir einfach ab. Aber wenn wir unsere Wurzeln verlieren, sind wir entwurzelt und stolpern suchend und haltlos durchs Leben.

Darum müssen wir, statt ständig Glaubensinhalte und Meinungen auszutauschen, als Kirche wieder über die hoffnungs- und liebevolle Botschaft Christi sprechen. Gott hat uns durch Christus die zentralen Grundlagen unseres Lebens geoffenbart. Das muss unser Kompass sein, nicht stets quasi-parlamentarisch ausgehandelte Glaubens-Gesetze. Kirche ohne Ziel und Anspruch ist eine Kuschelkirche: Wir treffen uns, um Spaß zu haben und lustig zu sein. Aber das gibt es ja schon überall. Die Kirche darf sich abheben, sie sollte und muss anders sein. Sie lebt aus dem Blick auf Jesus von Nazaret. Wenn sie ihn aus dem Blick verliert, verliert sie sich und die Menschen.

Es ist leicht, bei den Menschen ein kleines Feuer des Glaubens zu entzünden, weil Jesus so einzigartig liebend ist und seine Botschaft auch: Liebe, Barmher-

zigkeit, Frieden, ewiges Leben, Vergebung, Nächstenliebe. Doch das Feuer erlischt, wenn man keine persönliche Beziehung zu Jesus Christus entwickelt. Dafür braucht es verschiedene Dinge: Glaubenskurse,
Anbetung, Katechismusstunden, Bibellesen, regelmäßig in die Kirche gehen usw. und andere Menschen,
auch Heilige, die uns faszinieren, mitreißen und mit-
tragen. Beim Synodalen Weg gab es keine Diskussio-
nen und keinen Austausch darüber. Welchen Fahrt-
wind würde die Kirche auf dem Synodalen Weg bekommen, wenn Sternberg und Kollegen das Anliegen
in den Mittelpunkt stellen würden, das Feuer des
Glaubens in unserem Land neu zu entfachen und am
Brennen zu halten!

Was wir brauchen, so sagte es einmal der emeritierte Papst Benedikt, das sei eine neue Generation von
Aposteln, „die im Wort Christi verwurzelt sind, in der
Lage, eine Antwort zu geben auf die Herausforderungen unserer Zeit und bereit, überall das Evangelium
zu verkünden".

Dabei kann es nicht darum gehen, die Kirche beliebt zu machen, sondern es geht darum, den Glauben im Heute zu leben und zu bezeugen, sich „von
der menschlichen Umgebung tief [zu] unterscheiden",
wie es Papst Paul VI. schon in seiner Antrittsenzykli-
ka „Ecclesiam suam" betont hatte.

Es muss also um die Person Jesu Christi gehen. Wir
können mal hören, was er gesagt hat: „Ich bin der Weg,
die Wahrheit und das Leben." Biblische Anbetung er-

wächst aus dem Hören auf das Wort Gottes. Jesus hat uns aufgetragen, die Eucharistie zu feiern zu seinem Gedächtnis. Er sagte: „Wer von diesem Brot isst und von diesem Wein trinkt, wird ewig leben." Darum sagt die Kirche, dass die Eucharistie Quelle und Höhepunkt des kirchlichen Lebens ist. *Das* muss im Mittelpunkt unseres Denkens und Handelns stehen.

Solange die Kirche Jesus Christus im Mittelpunkt hat mit alldem, was er uns gesagt und geschenkt hat, vor allem mit dem Sakrament der Eucharistie, können wir außen herum viele wunderbare Dinge tun, denn wir haben Christus in der Mitte. Sobald wir uns von ihm abwenden, verlieren wir Halt und ein Korrektiv. Dann suchen wir uns neuen Halt, neue Wahrheiten. Bei der Synodalversammlung kreisen viele Beiträge um höchstpersönliche Meinungen, Deutungen, Interpretationen, die einer Prüfung nicht standhalten. Besonders häufig zitierten Synodale bei der Online-Versammlung aus dem Galaterbrief (Gal 3,27–28), in dem es heißt, dass es durch die Taufe keinen Unterschied mehr zwischen Christus-Gläubigen gibt, seien sie jüdischer oder griechischer Abstammung, versklavt oder frei, männlich oder weiblich. Daraus abzuleiten, es gäbe keinen Unterschied zwischen Frauen und Männern und Frauen müssten auch Priesterinnen werden, finde ich theologisch und biologisch unterkomplex.

Nach Galater 3,28 sind alle Menschen gleich im Sinne von gleichwertig, von gleicher Würde und gleich (von Gott) geliebt. Jesus hat zwischen Arm und Reich, Jung und Alt, Mann und Frau, dumm und klug keinen Unterschied gemacht und liebt alle Menschen gleich; er hat aber nicht die Verschiedenheit der Geschlechter von Mann und Frau aufgehoben. Damit würde er sich selbst als Gott widersprechen, der Mann und Frau erschaffen, sie mit unterschiedlichen Talenten ausgestattet und ihnen unterschiedliche Aufgaben anvertraut hat.

Entsprechend sind Ordinierte nicht besser als Nicht-Ordinierte. Priester sollen ein Hinweis auf Christus sein. Hier besteht sicher immer wieder Reformbedarf. Wir alle müssen täglich umkehren, umkehren zu Gott, weil wir täglich, statt auf dem Weg mit Gott zu bleiben, mal hier, mal da am Wegesrand nach anderen Abenteuern schnuppern – wenn wir nicht gleich weiter weg den Nervenkitzel suchen.

Die Anleitung für unser Leben und Handeln ist natürlich das Evangelium und dazu gehört der Galaterbrief, aber die Bibel muss im Gesamtzusammenhang gelesen werden, von der Warte Gottes her. Gottes Botschaft und seine Vorgaben sind gestern, heute und morgen gleich.

Pubertierende Kirche

Der emeritierte Papst Benedikt hat als Kardinal geschrieben, Kirche lohne sich nur, weil sie mehr sei, als wir selber machen. Diesen Satz finde ich eine Meditation wert. Als ich ihn gelesen habe, dachte ich: Ergo müsste man schussfolgern, lohnt sich nicht alles, was wir auf dem Synodalen Weg machen.

Wenn man sich von der Lehre der katholischen Kirche verabschiedet, die sich ja aus der Heiligen Schrift, der Überlieferung und dem Lehramt speist, dann kommt das Schisma, dann kommt die Spaltung. Wenn ich alles, was auf dem Synodalen Weg gesagt und gefordert wird, zu einem Bild zusammensetze, sehe ich ein Schild vor dem Kirchentor prangen: Herzlich willkommen in der deutschen Wohlfühl-Kirche. Hier locken Attraktionen zum (Sich-)Ausprobieren.

Und dann sehe ich eine Laissez fair-à la Pippi-Kirche vor mir, denke daran, wie Pippi Langstrumpf morgens Torte vom Fußboden löffelt, Affe und Pferd im Haus hält – und einfach tut und lässt, was ihr gefällt. Das kann ganz nett sein, aber Langeweile und Gewöhnung kommen sicher. Und das Chaos auch. Lauter Pippis, die alle tun, was sie wollen, und auf niemanden hören. Reinster Pippi-Salat.

Natürlich ist eine Kirche der Doppelmoral, die Wasser predigt und Wein trinkt, abstoßend. Abstoßend ist aber auch so eine laissez fair-Kirche ohne Konturen und eine Kirche, die sich als beamtenhafte

Institution gebärdet, sich aufbläht, vor allem an sich denkt und an ihren Privilegien, sich an Ämtern und sonst was festhält. Eine Kirche der mittelmäßigen Anpassung an den Mainstream hat Sand im Getriebe.

Junge Menschen wollen eine Kirche, die das Evangelium nach vorne stellt, die direkt zu Jesus führt, die anspruchsvoll ist, die leuchtet in ihrer Hingabe an Gott. Das ist nicht außergewöhnlich, das gibt es schon! Wir müssen nur mal evaluieren: In den sogenannten neuen Bewegungen oder bei den treuen Katholiken, wo die katholische Kirche back to the roots geht, da sind die Kirchen und Gottesdienste voll; das sind Oasen des Glaubens mit überwiegend jungen Leuten, die auch im Alltag die Nachfolge Christi zu leben versuchen in Frieden, Freude und echter Nächstenliebe.

Auf anderen Kontinenten wächst die Kirche, vor allem in Asien und in Afrika; dort haben wir einen Zuwachs an Priestern von 3,4 Prozent! Weltweit ist die Zahl der Katholiken um 16 Millionen gestiegen. Wenn wir nach Gründen für den Rückgang der Gläubigen in Deutschland suchen, sollten wir vom hohen Ross herabsteigen, über unseren Tellerrand hinaus- und genau dort hinschauen, wo die katholische Kirche blüht. Man muss die Kirche, wie sie der Stifter gedacht hat, auch überhaupt nicht verstecken. Wie sollen die vielen Menschen da draußen denn von dem Schatz erfahren, wenn wir ihn verstecken oder höchstens jammern über eine Kirche der Verbote, der Langeweile und der Restriktionen? Das ist nicht die katholische Kirche, sondern eine Karikatur. Das ist ein Zerrbild, das wir von der Kirche zeichnen, weil wir sie nicht kennen. Und dann stellen wir das Licht der Kirche und unseres Christseins unter den Scheffel; weil wir uns schämen und Angst haben, man könne uns doof finden. Viele wollen ja Glanz und Glorie und Applaus. Tosenden Applaus im überfüllten Theatersaal. Aber dann ist Kirche eben nicht mehr als Theater, ein Abglanz von etwas, das sie eigentlich ist und auch in unseren Darstellungen sein sollte.

Jesus hat sich auch nicht in ein Amphietheater gestellt und theatralische Reden geschwungen, sich stolzierend und aufblasend bejubeln lassen oder siegesbewusst umhergeblickt.

Akzeptanz und vor allem Relevanz wird die Kirche erst wieder bekommen, wenn sie ihre Identität wiederfindet, und die heißt römisch-katholisch mit allem, was dazugehört. Zurzeit verhält sie sich wie eine trotzige Pubertierende, die sich nichts sagen lässt.

Schön wäre, wenn sie wieder Flagge zeigt und zum Kern der Frohen Botschaft vordringt. Wichtig wären dabei erstens die Sakramente – und zwar alle und in unverkürzter Gestalt, damit wir genährt, geheilt und versöhnt werden. Zweitens: Eine leidenschaftliche Verkündigung des Evangeliums, die uns herausfordert, in die Nachfolge Jesu zu treten. Drittens: Eine Katechese, die diesen Namen verdient, also eine umfassende Integration in den Leib Christi – in das, was die Kirche glaubt, wie sie lebt und worauf sie hofft. Und diese Katechese muss in eine 100-prozentige Identifikation mit allem führen, was Jesus von seinen Jüngern will. Viertens: Eine Schule des Gebets, in der wir lernen, Gott wirklich als eine heilige und heilende Gegenwart zu erfahren – als einen barmherzigen Vater, der uns unendlich liebt; er sieht sogar die schwarze Ameise auf einem schwarzen Stein in schwarzer Nacht, wie ein afrikanisches Sprichwort besagt. Wenn das nichts ist!

Aber lassen wir einmal unseren Heiligen Vater, Papst Franziskus, zu Wort kommen. Er hat sich mehrfach zu diesem Thema geäußert und unter anderem Folgendes festgestellt: „Die organisatorischen und strukturellen Reformen sind sekundär, sie kommen danach. Die erste Reform muss die der Einstellung sein. Die Diener des Evangeliums müssen in der Lage sein, die Herzen der Menschen zu erwärmen, in der Nacht mit ihnen zu gehen. Sie müssen ein Gespräch führen und in die Nacht hinabsteigen können, in ihr Dunkel, ohne sich zu verlieren. Das Volk Gottes will Hirten und nicht Funktionäre oder Staatskleriker."

Das ist doch mal eine Ansage.

KAPITEL 10

WIE SPRECHE ICH KATHOLISCH?

Der emeritierte Papst Benedikt sagte, es brauche eine neue Generation von Aposteln, die das Evangelium verkünden. Das ist doppelt wahr. Zum einen braucht es die, die es überhaupt tun, vor allem aber die, die es mit Liebe tun.

Wenn ich Beiträge und Kommentare auf Social Media lese, Talks oder Interviews zu kirchlichen Themen, wie zum Beispiel zum Synodalen Weg, anschaue oder anhöre, dann muss ich leider traurig feststellen, dass die Botschaft der Liebe manchmal unter einem Hagelschauer von Zeigefinger-Worten verschwindet. Aber wie können wir von der Liebe Gottes reden, wenn wir die Liebe gar nicht selber weitergeben?

Hier besteht echter Reformbedarf. Das ist ein Anspruch, an dem wir immer wieder scheitern werden. Aber wir dürfen jedes Mal wieder neu anfangen. Und wie bei allen Themen in der Kirche darf Jesus unser Maßstab sein. Jesus hat die Wahrheit verkündet, manchmal knallharten Klartext geredet, er ist aber immer Liebe geblieben – und hat dafür büßen müssen …

Als Papst Benedikt 2007 in São Paulo junge Menschen zum Evangelisieren aufrief, sagte er: „Seid die

Apostel der jungen Menschen. Ladet sie ein, mit euch
zu gehen und wie ihr den Glauben, die Hoffnung und
die Liebe zu erfahren und Jesus zu begegnen, um sich
wirklich geliebt und angenommen zu fühlen, mit der
vollen Möglichkeit, sich zu verwirklichen."

Räuberjunge im Reich Gottes

Was Liebe in einem Menschen bewirkt, ist sehr il-
lustrativ in dem Kinderbuch (nicht nur für Kinder!)
„Nicht wie bei Räubers" beschrieben: Ein Räuberjunge, der zuvor zusammengeschlagen und gefesselt worden ist, wird von einem Mann freigekauft, der ihn liebevoll aufpäppelt, ihn täglich zu sich auf den Schoß
nimmt, immer liebevoll und gütig ist und ihn sehr
schnell spüren lässt, dass er ihn braucht, dass er wichtig ist. Hier senkt sich Liebe in ein durch Brutalität,
Lieblosigkeit, Egoismus und Härte geprägtes und ver-
wundetes Herz – und verändert es. Der Räuberjunge
fängt an, den neuen Vater ehrfürchtig zu lieben, ihm
zu vertrauen, zu tun, was er sagt; er will mit ihm für
das Reich kämpfen …

Dieser Mann steht für Gott Vater, der die Liebe schlechthin ist. Wenn wir alle uns mehr bemühten, viel von dieser Liebe dieses göttlichen Vaters in
uns aufzusaugen (durch Zweisamkeit mit ihm) und
ihn dann nachzuahmen, würde die Welt nicht immer
schöner werden? Vielleicht würde die Liebe aus un-

seren Augen leuchten, sodass jeder, der uns sieht, berührt wird – und das noch, bevor wir große Worte verlieren? Und noch mehr berührt wird, wenn wir ihm mit Liebe und Achtung begegnen?

Mutter Teresa nannte einen Christen einen „Tabernakel des lebendigen Gottes". Gott habe uns erschaffen, erwählt und Wohnung in uns genommen, weil er uns brauche. „Wenn ihr nun wisst, wie sehr Gott euch liebt, ist es dann nicht ganz natürlich, dass ihr den Rest eures Lebens dazu nutzt, diese Liebe auszustrahlen?" Und wenn es ums Sprechen geht, riet sie dazu, vor dem Reden zu horchen, also zu beten und zu hören, was Gott sagt: „Erst dann kannst du aus der Tiefe des Herzens voll Freude reden …" Mit anderen Worten: „Man horcht also auf die Stimme Gottes im eigenen Herzen und in die Stille des Herzens spricht Gott hinein. Und dann steigt aus dem übervollen Herzen auf, was der Mund sagen soll." Soweit die Theorie.

In der Praxis scheitern wir oft und werden immer wieder scheitern, aber wie ein mit Patzern vorgetragenes Musikstück die Musik selber nicht verderben kann, bleibt die Liebe wunderschön, auch wenn wir selber nicht aus ihr leben. Zudem ist Gottes Barmherzigkeit grenzenlos. Daran haben uns viele Heilige erinnert; der heilige Pfarrer von Ars zum Beispiel. Und der deutsche Erzieher Johann Heinrich Pestalozzi sagte: Wenn wir wollen, dass sich Menschen ändern, müssen wir sie lieben.

Mit der Peitsche zum Christsein

In Gaudium et spes (Zweites Vatikanisches Konzil) lesen wir, dass Achtung und Liebe auch denen zu gewähren sei, die in gesellschaftlichen, politischen oder auch religiösen Fragen anders denken als wir (vgl. Gaudium et spes, 28)[26]. Da haben die Konzilsväter sicher nicht nur an die Kreuzzüge oder Missionare der Kolonialzeit gedacht, die den unterworfenen Völkern quasi mit der Peitsche das Christsein einbleuen wollten, sondern an uns heute. Weniger brutal sind wir als die Missionare damals, aber doch können unsere Wortwahl und unser Tonfall heute lieblos sein, verbale Peitschenhiebe.

Auf den Ton kommt es aber an, sagen auch Kommunikationsexperten. Wenn wir jemanden überzeugen wollen von der Lehre der Kirche, müssen wir von ihr selbst überzeugt und begeistert sein und das, was wir predigen, auch (vor)leben, nicht vorspielen – und dem anderen die Freiheit lassen. Außerdem müssen wir erklären können, was wir glauben, nicht nur sagen: Das ist eben Sünde. Oder so.

Vielleicht wäre es sinnvoll und angebracht, auch innerhalb der Kirche gute Kommunikation zu üben. Wie wäre es mit Kursen zu Konfliktmanagement und konstruktiver Streitkultur? Sonst bleibt die Kirche noch weit hinter dem alttestamentlichen Grundsatz „Auge um Auge, Zahn um Zahn" zurück und es fliegen die Fetzen.

KAPITEL 11

MEIN FAZIT: SCHACHMATT!

Wie ermüdend! Eine in der synodalen Versammlung präsente Mehrheit, die redet, zerredet – und Widerrede nur schnaubend duldet. Und dann das stundenlange Sitzen am Computer oder in der Versammlung. Da hätte ich manche Stunde viel lieber gegen eine (Online-)Anbetung eingetauscht. Aber das dürfte wohl bei einem Wunsch bleiben. Natürlich ist es gut, sich zu sehen und auszutauschen, und sei es digital. Wir haben auch das Beste aus dem Online-Format herausgeholt. Formell und organisatorisch war immer alles okay. Und mit dem „Einhalt" wollten die Organisatoren etwas Geistliches mit reinbringen. Eine Verschnaufpause. Immerhin.

Ansonsten war Tempo angesagt. Die Synodalen hatten es eilig, zu langsam gehe es voran, immer noch lagen teilweise keine fertigen Vorlagentexte auf dem Tisch, Beschlüsse standen aus. Corona hat dazwischengefunkt. Und dann diese kritischen Stimmen immer wieder! Auf die hatte es ZdK-Präsident Sternberg bei der Online-Versammlung abgesehen. Es brauche Einheit und Tempo, man solle hier nicht mit kritischen Beiträgen bremsen.

Einheit kann man nicht selber machen, indem man zwei Meinungen auf Papiere schreibt und die aneinanderklebt. Papst Franziskus hat es im April 2021 wieder einmal erklärt, als er sagte, wenn der Feind die Kirche zerstören wolle, werde er die Axt an der Wurzel ansetzen und das Volk am Beten hindern. Statt Machen und Dinge ändern zu wollen, müssten wir zuallererst (viel mehr) beten, resümierte ich. Resultiert Einheit nicht aus einem gemeinsamen, aus dem Herzen kommenden und hörenden Gebet? Einheit ist eine Frucht des Heiligen Geistes. Wir müssen nur die Voraussetzungen dafür schaffen und offen sein.

Aber Offenheit kann ich auf dem Synodalen Weg nicht erkennen. Mit dem, was Sternberg sagt, suggeriert er, dass nur seine Denkweise, also die Forderungen des Synodalen Weges, richtig sind und der Wahrheit entsprechen. Das hat für mich weder mit Dialog noch mit Offenheit zu tun. Von Anfang an habe ich den Eindruck, dass die „Macher" des Synodalen Weges die gesetzten Ziele ohne Wenn und Aber verfolgen, als sei es automatisch klar, dass dies der Wille Gottes ist.

Freibier für alle!

Birgit Mock und Bischof Dieser haben im Juni 2021 den Paradigmenwechsel in der katholischen Kirche zum Thema Sexualmoral bereits prophezeit. Ich war überrascht, denn ich konnte mich nicht entsinnen, dass sie jemals Themen zur Debatte gestellt und gegenüberstehende Positionen aufgezeigt hätten. Natürlich kann man in die Welt rufen: Alle wollen Freibier! Das wird im Groben auch stimmen. Denen sag ich: Dann ma' Prost!

Es ist ja in Ordnung, hier und da Meinungen zur Sexualität einzuholen, aber wenn uns dann die Ergebnisse vor Augen gestellt werden, ohne dass eine ehrliche Auseinandersetzung mit der Gegenmeinung vorausgegangen wäre, entwertet das die Debatte generell. Die häufig angesprochene „Achtung vor jedem" ist prima, aber Achtsamkeit vor jedem Menschen in pastoralem Tonfall zu bekunden, wirkt fast sarkastisch; immerhin haben wir es hier mit einer besonders elaborierten Form von Sarkasmus zu tun.

Jedenfalls empfinde ich das unter synodalen Gesichtspunkten als eine seltsame Vorgehensweise. Ich hatte es mir so vorgestellt, dass wir ehrlich reden und um Argumente ringen, uns in bester Weise zur Wahrheit der Offenbarung in unserer Zeit beziehen und nicht dass unliebsame Argumente gegen die Wand gedrückt werden. Was sollen wir denn dann auf dem Synodalen Weg überhaupt machen, wenn – wie schon am Beginn des Synodalen Weges deutlich geworden ist – Ergebnisse sowieso schon klar sind? Ich sehe den Synodalen Weg als hübsche Girlande über den Synodalen hängen, eine formgebende Zierde für längst festgesetzte Ziele. Die Debatte ist nur noch reine Formsache.

Mein Traum war eine echte Synodalität mit liebevoller und ehrlicher Debatte. Die Mock'sche und Dieser'sche Vorgehensweise irritiert mich. Und so muss ich auch nach zwei Jahren noch einmal feststellen: Das bleibt ein Traum.

Ein Schein von Einheit

Im Kreisen um das eigene Ich oder das Floaten im Mainstream (die Kirche müsse sich den Entwicklungen der „Welt" unter Aufgabe zentraler Glaubensinhalte anpassen, so der Tenor), bewegt sich der Synodale Weg allenfalls im Vorgarten des Glaubens.

Jedenfalls zeigt sich immer und immer wieder eine Ablehnung der eher lehramtstreuen Ansicht oder zumindest Misstrauen ihr gegenüber. Können sich die Christen über 2000 Jahre lang geirrt haben – und Jesus gleich mit? Im Workshop „Geschlecht und Heil. Geschlechtergerechte Christusrepräsentanz" haben einige Teilnehmer die fundierten Aussagen von Jan-Heiner Tück, Professor am Institut für Systematische Theologie und Ethik der Universität Wien, dessen Artikel „Den Bräutigam darstellen" Grundlage des Gesprächs war, einfach vom Tisch gewischt. 15 von 18 Teilnehmern zeigte Unverständnis für das Nein zur

Frauenweihe. Die Atmosphäre war auch etwas angespannt bis bissig.

Professor Andrea Strübind fand, man müsse aufgrund neuer wissenschaftlicher Erkenntnisse biblische Erkenntnisse infrage stellen. Und für Gudrun Lux war klar, dass es ein gleiches Recht in der Kirche geben müsste, in der noch immer Leibfeindlichkeit herrsche. Die Gleichberechtigung, die Christus gebracht habe, „gilt es bis zum Ende durchzuziehen". Alle seien Abbild Gottes (dazu habe ich mich bereits geäußert).

Viele Gedanken sind einen Austausch wert. Aber warum kann man die Lehre der Kirche nicht erst einmal gründlich durchdenken und nachvollziehen? Ich war – ehrlich gesagt – dankbar zu lesen, dass ein Diözesan-Vertreter, auch Teilnehmer des Workshops, diese polemische Einseitigkeit des Workshops in einer E-Mail an das Synodal-Büro kritisiert hat.

Immer wieder drängt sich der Eindruck auf, man wolle mundtot machen, wer anders denkt als die Synodal-Chefs; wenn auch nicht mehr so plump, dass uns das Wort abgeschnitten wurde oder man Gedanken wie im Workshop vom synodalen Tisch gekehrt hat, sondern subtiler: Wie differenziert und auf Einheit und Kompromiss hin angelegt theologische Argumente derjenigen, die den Glaubensschatz der Kirche wahren wollen, formuliert wurden, um soviel wie möglich oder zumindest einen Anschein von Einheit zu wahren.

So wurde auch der Anschein zu wecken versucht, als wäre alles, was die Mehrheit bei der Veranstaltung des Synodalen Weges fordert, nicht nur theologisch stichfest abgesichert, sondern würde auch dem Stifterwillen Christi entsprechen. Ganz ehrlich? Das ist nicht ehrlich. Und dann vermisse ich echte Freundlichkeit, ein Miteinander, das uns von der Welt unterscheiden würde. Wie wollen wir als gesamte Kirche glaubwürdig auftreten, wenn wir nicht selbst üben, die Liebe zu leben – mit Fallen, Aufstehen, Entschuldigen, Verzeihen – und richtig zu kommunizieren?

Fake it till you make it

Der Mangel an Achtung ist besonders traurig, wenn er aus der katholischen Kirche kommt. Irgendwie klang für mich der Auftrag, den die Kirche hat, ganz anders. Sie soll zeigen, wie liebevoll Gott ist, dass es ihn gibt. Er schaut sicher voll Liebe auf uns Streithähne und Debattierenden. Auch mit dem Synodalen Weg und unseren vielen Meinungen hat er einen Plan – und wünscht sich, dass wir zu ihm kommen.

Kirche soll die Menschen zu Jesus Christus führen, sein Wort bewahren, weitergeben, ihn nachahmen, seine Gegenwart im Sakrament der Eucharistie lebendig erhalten. Wenn wir (noch) nicht wissen, wie das geht – und wir Christen vergessen es irgendwie täglich –, können wir in der Bibel blättern, uns in die

Lehre der Kirche vertiefen und die Sakramente studieren – und empfangen. Und üben, üben, üben.

Höflichkeit und Freundlichkeit dürfen zunächst auch gern gezwungen daherkommen. Besser so als gar nicht. Fake it till you make it. Es bleibt uns ja nichts anders übrig, als wenigstens so zu tun als ob. Insofern ist diese Art der Heuchelei eine zivilisatorische Notwendigkeit. Darum: Wenn wir „streiten", dann bitte mit Offenheit, Takt, Respekt und Höflichkeit!

Oder muss man Menschen gegenüber, die einem nicht sympathisch sind, gar nicht freundlich sein? Ist das nicht pure Heuchelei, um es mal mit Schopenhauer zu sagen? Wer den anderen nimmt, wie er ist, heuchelt nicht, sondern ist höflich. Franz von Assisi nannte die Höflichkeit ein Attribut Gottes. Diese schopenhauerische „Heuchelei" bzw. franziskanische Höflichkeit sollten wir Christen uns, besonders auf dem Synodalen Weg, auch wegen der Außenwirkung, dringend anlegen. Nur Übung macht den Meister. Irgendwann könnten wir gemeinsam mit Therese von Lisieux sagen: „Im Herzen der Kirche, meiner Mutter, werde ich die Liebe sein."

Es ist ein Armutszeugnis, wenn wir uns innerhalb der katholischen Kirche Meinungen an den Kopf schleudern, Ergebnisse vorwegnehmen und die Lehre der Kirche zerreißen. Denn eines ist doch sonnenklar: Weder die Aufhebung des Zölibats noch die Einführung eines Frauenpriestertums werden die gesellschaftliche Bedeutung der Kirche steigern oder sie attraktiver machen, weder den Glauben vermehren noch zu einem Ausbruch der Begeisterung über Jesus führen.

Wenn man wissen will, was Begeisterung innerhalb der Kirche ist, muss man die katholische Landkarte nach den grünen Flecken der Glaubensoasen absuchen, wo sich die wirkliche Avantgarde der Kirche zeigt. Das ist total en vogue. Während sich Menschen in Pfarrgemeinde – und auf dem Synodalen Weg – um diese und jene Strukturen bemühen, blüht das kirchliche Leben in den Wüsteninseln des Glaubens schon längst. Dort findet man das, was Kirche sein soll. Dort lernt man, in die Fußstapfen Jesu zu treten. Dort erfüllt der Glaube, herrscht ein friedliches und gutes Miteinander und Wohlwollen. Nicht, dass dort alle heilig wären, aber man ahnt dort, was es heißt, wenn Jesus vom Reich Gottes auf Erden spricht.

Doch ein Sonderweg?

Auf dem Synodalen Weg dagegen prallen zwei Kirchenbilder aufeinander. Zu verschieden sind die Weltbilder und Glaubensauffassungen: Gender versus Schöpfungsgedanke, der Mann Jesus versus den Menschen Jesus, Gleichmacherei versus die Unterschiedlichkeit von Mann und Frau, wie sie in der Schöpfungsgeschichte beschrieben steht und wie Gott sie gewollt hat – wie dies im Übrigen auch logisch ist, denn ein Leib, der keine Glieder hat, weil alle nur Auge oder nur Arm sein wollen, ist verstümmelt.

Für die einen steht die Unterschiedlichkeit und Gleichberechtigung von Mann und Frau im Vordergrund, andere sehen eine totale Gleichheit der Geschlechter, wieder andere sehen eine Vielzahl von Geschlechtern. Die einen konstruieren daraus einen Anspruch auf das Priestertum, andere sehen es als Berufung, aus der sich gar keine Diskriminierung ergeben kann, weil niemand, weder Mann noch Frau, ein Recht darauf hat, Priester zu werden. Kann man sogar bei Johannes 15,16 nachlesen: „Nicht ihr habt mich berufen, sondern ich habe euch auserwählt."

Wie dankbar war ich, dass einer der Beobachter, der Bischof von Kopenhagen, unter anderem von der Sorge der skandinavischen Länder in Bezug auf den Synodalen Weg sprach und ein anderer darauf hinwies, dass wir Deutschen doch eigentlich die Weltkirche mehr miteinbeziehen sollten, schließlich habe sie bei gewichtigen Entscheidungen, die die Glaubenssubstanz berühren, mitzureden. Die Deutschen machen gerade mal 1,2 Prozent des Weltkatholizismus aus.

Der Bischof von Kopenhagen, Czeslaw Kozon, richtete deutliche Worte an die Deutschen. Unter anderem sagte er: „Als katholische Bischöfe in den nordischen Ländern verfolgen wir mit einigen unserer Gläubigen den Synodalen Weg in Deutschland. Und auch wenn die deutschen Themen für uns nicht im selben Maße und direkt relevant sind, so ist doch eine echte Sorge zu spüren, ob die Einheit der Kirche bewahrt werden kann."

Der Tübinger Moraltheologe Franz-Josef Bormann hat 2020 bemerkt, der Synodale Weg sei „dilettantisch vorbereitet", und man müsse befürchten, dass er vom Papst und der Universalkirche als „quasi-sektiererischer Sonderweg einer Teilkirche wahrgenommen" werde. Das wäre natürlich unschön.

Ich muss immer wieder an Mutter Teresa denken, bei der nichts auf Kosten einer echten Begegnung mit dem Herrn ging. Entscheidungen, Pläne hat sie immer erst ihrem himmlischen Vater vorgelegt, der alles so gut machen kann und bei allem hilft, und zwar so, wie er meint, denn er weiß alles. Wie er das macht, weiß ich auch nicht, ist aber genial, dass es so ist. Er hat ja sogar aus dem Nichts die Welt erschaffen. Dass muss einer erst einmal nachmachen.

Kampfloser Sieg

Mutter Teresa hat jedenfalls viel erreicht. Unmögliches ist wahr geworden. Kommunistische Gauner haben die Gewehre niederlegen müssen, wenn sie kam, mit ihrer Mütterlichkeit und einer Waffe der besonderen Art: der Muttergottesmedaille. Das war wie im Komödien-Krimi: Menschen mit eiserner Miene starren auf Mutter Teresa und ihren Begleiter, richten die Gewehre auf sie und warten misstrauisch. Jeder andere hätte sich in die Hose oder sich rückwärts aus dem Staub gemacht. Die kleine Ordensfrau aber lächelte, ging auf sie zu, nahm eine Medaille und gab sie jedem der Soldaten, der, um die annehmen zu können, das Gewehr herunternehmen musste. „Haben Sie eine Frau?", fragte sie. Wenn ja, bekam derjenige weitere Medaillen. „Haben Sie Kinder?" – und er bekam noch welche. Sie wünschte allen das Beste – hatte die Herzen der Grauen Herren verändert. Und vielleicht sogar ein klein wenig erobert.[27]

Was dem Synodalen Weg passiert, ist nicht nur viel weniger herzlich, wir setzen keinen Kontrapunkt mehr zu dem, was wir in der Welt wiederfinden. Aber welche Relevanz hat Kirche dann noch? Könnte es nicht passieren, dass sie dann irgendwann einpacken muss? Die Synodalen werden wohl im gewissen Sinne einpacken müssen; ihre ganzen Stapel an Papieren, Meinungen, Wünschen und Forderungen. Denn Papst Franziskus hat zum Gegenzug angesetzt. Zwei Tage vor Pfingsten 2021 verkündet er eine weltweite Synode. Das Timing war perfekt, ist Pfingsten doch das Fest des Heiligen Geistes und markiert als Geburtstag der Kirche einen Neubeginn. Kommt jetzt etwas Neues? Für mich ist die Weltbischofssynode eine Chance, denn jetzt muss sich die katholische Kirche in Deutschland neu einspuren auf den Weg mit Rom und der Weltkirche. Das macht Hoffnung. Jetzt können die Damen und Herren Synodalen in Deutschland keine eigenen Süppchen mehr kochen, sondern sie werden lernen und zuhören müssen. Ich wünsche mir, dass der weltweite Synodale Weg nicht an Deutschland Maß nimmt, sondern umgekehrt – und dass die Weltkirche aus den Fehlern von uns Deutschen lernt.

Ich hoffe sehr, dass der weltweite Reformprozess den Deutschen hilft, vom hohen Ross herabzusteigen, über den Tellerrand zu schauen, die Weltkirche und durch sie die Freude des Evangeliums kennenzulernen. Ich hoffe, dass die Reformen jetzt im Sinne von Papst Franziskus weitergehen, so, wie er es sich für uns Deutsche schon lange gewünscht hat: im Gebet und mit Neuevangelisierung. Der deutsche Synodale Weg ist erst mal schachmatt.

NACHWORT

„Pippi-Langstrumpf-Kirche – Meine Erfahrungen auf dem Synodalen Weg", so beschreibt Dorothea Schmidt in vorliegendem Buch ihre Gedanken. Sie sagte immer wieder, sie sei als Synodalin reingestolpert. Liest man das Buch, dann stellt man schnell fest, dass alles, was ihr in der Kirche etwas bedeutet, auf diesem Synodalen Weg keine Rolle spielt. Hier wird sehr schnell klar, dass es hier wieder um Macht und Führung geht. Ich habe mir den Teil des Buches zum Thema „sexueller Missbrauch" einmal genauer angesehen. Zu Maria 2.0 – und ich nehme diese Gruppe nur als ein Beispiel – habe ich immer wieder öffentlich gesagt, dass man seitens dieser Organisation den sexuellen Missbrauch für die eigenen politischen Forderungen missbraucht.

Diese Frauenbewegung innerhalb des Synodalen Weges hat mir das übel genommen. Sie können nicht verstehen, dass Betroffene von sexuellem Missbrauch das Gefühl haben, durch diese Aktivitäten zum wiederholten Mal missbraucht zu werden. Die Autorin dieses Buches setzt sich unter anderem auch mit diesem Thema auseinander und kommt als Insiderin zu der gleichen Ansicht. Wenn man ihre Meinung zu den ganzen Auseinandersetzungen zum Synodalen Weg liest, dann muss man ihr Recht geben, wenn sie behauptet, dass auf sämtlichen Tagungen die Messer gewetzt und immer wieder Grabenkämpfe ausgetragen werden. Hier geht es scheinbar nicht um katholische Veränderungen, sondern in ihrer Art gleichen sie eher der Frauenbewegung in den 60er-Jahren um Alice Schwarzer.

Ich finde es sehr mutig, dies mit diesem Buch infrage zu stellen. Manchmal hat man das Gefühl, dass Dorothea Schmidt auf dem Synodalen Weg einiges von ihrem Glauben, Geistlichen Leben, Lehramt, Liturgie, Nachfolge Christi usw., was ihr die katholische Kirche vermittelt hat, verloren geht. Deshalb stellt sie diese auch infrage und wünscht sich, dass man wieder auf den Weg zurückfindet, der mit den Werten des Glaubens innerhalb der katholischen Kirche zu tun hat. Dass sich die katholische Kirche wandeln und der heutigen Zeit anpassen sollte, ist zweifelsohne richtig. Nur kann diese Änderung nicht allein von einem einzelnen Bistum in Deutschland oder der Deutschen Bischofskonferenz vorgenommen werden. Kardinal Woelki hat mehrfach betont, dass der Synodale Weg nur im Zuge eines vatikanischen Konzils auf den Weg gebracht werden kann.

Die deutsche katholische Kirche gehört zur Weltkirche und somit ist dieser Schritt nur über ein Konzil möglich. Mit dieser Aussage wurde er als Gegner des Synodalen Weges eingestuft. Wenn man aber alles einmal genauer betrachtet, wie es in diesem Buch geschieht, kann man nur hoffen, dass die Wünsche der Autorin in Erfüllung gehen. Ich finde es gut, dass hier jemand, der den Synodalen Weg mitgeht, sich auf bemerkenswerte Art und Weise damit kritisch auseinandersetzt.

Peter Bringmann-Henselder,
Mitglied und Sprecher im Betroffenenbeirat
Erzbistum Köln, 22. August 2021

DANKSAGUNG

Dieses Buch ist nicht nur das Ergebnis meiner Erfahrungen auf dem Synodalen Weg. Es ist auch die Frucht zahlreicher Gespräche mit Fachleuten aus verschiedensten Disziplinen zu den Ereignissen in der katholischen Kirche in Deutschland rund um den Synodalen Weg.

So durfte ich nicht nur von ihrem professionellen Blick auf die kirchliche Welt profitieren, sondern auch von ihrem Sinn für Details, ihrem Weitblick und von Hinweisen auf gute Fachliteratur. Dieses kritische Mitdenken, die Ermutigungen, Ehrlichkeit und Hilfsbereitschaft haben mich sehr bestärkt. Für alle Inspiration und jeden intensiven Austausch mit so vielen beeindruckenden Menschen möchte ich ganz herzlich DANKE sagen!

Ich danke auch allen Freunden und Bekannten für ihren ehrlichen, anregenden und wegweisenden Austausch und allen, die mir Mut zugesprochen haben. Danke sagen möchte ich auch dem gründlich und aufmerksam arbeitenden Lektorat und dem Verlag fürs Gestalten und Mitdenken.

Besonders bedanke ich mich bei meinen Kindern und meinem Mann, die zweitweise unter meiner Abwesenheit leiden mussten, mich aber immer liebevoll unterstützt und ermutigt haben.

Ein besonderer Dank gilt dem lieben Vater im Himmel, denn er ist es, der Menschen zusammenführt, der meine Schritte lenkt, bremst oder vorwärtsdrängt, tiefer in den Glauben hineinbegleitet und die nötigen Türen öffnet, wenn andere zugehen.

LITERATURLISTE

[1] Ratzinger, J. (2010). Gesammelte Schriften, Bd. 12, Künder des Wortes und Diener der Wahrheit. Freiburg/Br., Herder Verlag.

[2] Gender: Günther, C. (2017). Genderismus: Der Masterplan für die geschlechtslose Gesellschaft – zweite, erweiterte Auflage. Wien., Frank & Frei.

[3] DIJG. (7. September 2012). Gehirnwäsche statt Wissenschaft? http://www.dijg.de/blog/gender-mainstreaming/gehirnwasche-statt-wissenschaft-92

[4] http://www.tagesspiegel.de/weltspiegel/gender-debatte-tv-bericht-biologen-widersprechen-gender-theorie/8309672.html

[5] https://www.benedictusxvi.org/gottesfrage

[6] Hammond, I. (2020). Tochter Gottes, erhebe Dich: Vom Schmerz zum Sieg. Vom Sieg zum Segen. Bodenborn, SCM R.Brockhaus.

[7] https://www.eltern-kind-bindung.net/fachpersonen/postpartaler-bereich/bindungsmodelle/

[8] https://www.heilpraxisnet.de/naturheilpraxis/studie-zeigt-warum-depressionen-bei-frauen-haeufiger-vorkommen-20190521454355/ und https://www.deutsche-depressionshilfe.de/depression-infos-und-hilfe/was-ist-eine-depression/haeufigkeit

[9] Gerl-Falkovitz, H.-B. (2016). Maria, Der andere Anfang. Heiligenkreuz, Be-Be-Verlag.

[10] Boutin, C.. (2000). La différence homme-femme: aspects politiques et juridiques.

[11] Stein, E. (2015). Die Frau, Fragestellungen und Reflexionen. Freiburg, Basel, Wien. Herder Verlag.

[12] Ebd.

[13] https://www.vatican.va/content/john-paul-ii/de/letters/1995/documents/hf_jp-ii_let_29061995_women.html

[14] https://www.erzdioezese-wien.at/dl/srMLJKJNKoOmJqx4kJK/10_Maria_Urbild_der_Kirche.pdf

[15] https://www.zeit.de/kultur/2018-08/jordan-peterson-kanada-professor-politische-korrektheit-feminismus-geschlechteridentitaet

[16] Redemptoris Mater 5.

[17] https://www.erzdioezese-wien.at/dl/srMLJKJNKoOmJqx4kJK/10_Maria_Urbild_der_Kirche.pdf

[18] Bernhard, M. (2020). Freie Liebe, über neue Sexualmoral. Basel, Fontis Verlag.

[19] Balthasar, H.U. (1978). Klarstellungen, Johannes Verlag.

[20] (auch online): https://www.domradio.de/themen/erzbistum-koeln/2021-08-18/von-privater-ueberzeugung-zum-kirchlichen-bekenntnis-festschrift-zum-65-geburtstag-von-kardinal

[21] https://www.die-tagespost.de/kirche-aktuell/Manfred-Luetz-Missbrauchsstudie-mangelhaft-und-kontraproduktiv;art312,192172

[22] https://www.cicero.de/kultur/sexueller-missbrauch-katholische-kirche-papst-franziskus-kinder

[23] https://nightlight.org/snowflakes-embryo-adoption-donation/

[24] https://www.vatican.va/archive/hist_councils/ii_vatican_council/documents/vat-ii_const_19641121_lumen-gentium_ge.html

[25] https://www.vatican.va/content/benedict-xvi/de/homilies/2005/documents/hf_ben-xvi_hom_20050629_sts-peter-paul.html

[26] https://www.vatican.va/archive/hist_councils/ii_vatican_council/documents/vat-ii_const_19651207_gaudium-et-spes_ge.html

[27] Maasburg, L. (2016). Mutter Teresa: Die wunderbaren Geschichten. München, Droemer/Knaur.